家庭是人生的第一个课堂，父母是孩子的第一任老师。广大家庭都要重言传、重身教，教知识、育品德，身体力行、耳濡目染，帮助孩子扣好人生的第一粒扣子，迈好人生的第一个台阶。

——摘自习近平总书记在第一届全国文明家庭表彰大会上的讲话

1岁孩子的发展手册

1岁父母的成长手册

中国“家庭·家教·家风”教育丛书

1岁孩子 1岁父母

1~2岁

北京师范大学家庭教育课题组◎著

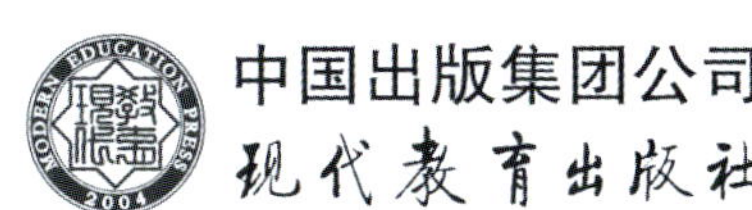

中国出版集团公司
现代教育出版社

图书在版编目(CIP)数据

1岁孩子　1岁父母 / 北京师范大学家庭教育课题组著. -- 北京：现代教育出版社，2017.4（中国“家庭 · 家教 · 家风”教育丛书）

ISBN 978-7-5106-5034-5

Ⅰ.①1… Ⅱ.①北… Ⅲ.①婴幼儿－家庭教育 Ⅳ.①G781

中国版本图书馆CIP数据核字（2017）第048093号

1岁孩子　1岁父母（1～2岁）

作　　者　北京师范大学家庭教育课题组
出 品 人　陈　琦
总 策 划　李　静
责任编辑　赵延芹　张一莹
封面设计　赵歆宇
出版发行　现代教育出版社
地　　址　北京市朝阳区安华里504号E座
邮　　编　100011
电　　话　010-64246373(编辑部) 010-64256130(发行部)
传　　真　010-64251256
印　　刷　北京佳信达欣艺术印刷有限公司
开　　本　889mm×1194mm　1/16
印　　张　16.5
字　　数　200千字
版　　次　2017年4月第1版
印　　次　2017年8月第3次印刷
书　　号　ISBN 978-7-5106-5034-5
定　　价　39.00元

专家推荐序

家庭　家教　家风

家庭教育，即“人之初”的教育，是儿童接受教育的重要途径，是实现他们社会化的必由之路，在儿童形成良好的思想品德和行为习惯方面起着“形塑”的作用，在培养儿童的社会适应性方面发挥着决定性的作用。因此，家庭教育历来受到人们的高度重视。

当前，市场经济的发展，不仅对家庭教育产生了巨大的影响，而且也对其提出了新的要求，于是家庭教育中出现了许多前所未有的新情况、新问题和新课题。长期以来，家庭教育的思想观念和方式方法几乎都是从父辈的“武器库”里继承而来。在过去，这种做法尚行得通。在社会急剧变革的今天，社会生活发生了深刻的变化，如果还全盘照抄传统的家庭教育的思想和模式，恐怕就行不通了。父母们受“望子成龙”的心态所驱，对子女的期望过高，急于求成，往往被子女教育中的诸多问题困扰。不少家长反映：老方法不灵，新方法不明。在教育子女的过程中束手无策，一筹莫展，迫切希望得到有效的指导。

广大家长急需理论和实践指导的需求无形中造就了巨大的市场。有些从未从事过任何教育实践、根本不懂得家庭教育理论的“门外汉”，用商人的眼光发现了家庭教育这个潜力巨大的市场，便趋之若鹜，纷纷投身到这个行当中来，通过商业的“炒作”和媒体的“忽悠”，摇身成为“家庭教育专家”，或是洋洋洒洒地做家庭教育指导，或是像“氽丸子”一样著书立说。如今，市场上家庭教育指导方面的书籍琳琅满目、五花八门。但真正有价值的家庭教育著作却凤毛麟角。那些家庭教育科学普及的图书，绝大多数是“急就篇”“拼凑篇”“绝招篇”“经验篇”，在科学性和实用性上存在严重问题，给许多家长造成思想混乱，令人担忧。基于此，许多家长希望有人编写真正科学、系统的家庭教育读物，以正视听，以便把家庭教育建立在科学的基础之上。

当今时代，人们的心态比较浮躁。这种心态同样也反映在家庭教育的理论研究和实践指导上。许多理论工作者和实践指导者缺乏“板凳甘坐十年冷”的精神，急于出成果，见经济效益，结果在汹涌澎湃的市场经济大潮中失去了自我、迷失了方向。他们不是在理论研究上下“真功夫”和“苦功夫”，而是把功夫都用在了“商业炒作”和“创品牌”上；不是把社会效益放在首位，而是看重经济效益。

令人高兴的是，还有一批具有高度责任感、拥有真才实学的学者，没有辜负社会和万千家长的热切期望。他们深入实际调查研究，沉下心来认真钻研家庭教育的理论问题，探索家庭教育的规律，尽自己所能，为发展和繁荣我国的家庭教育事业奉献一份力量。以尚立富为首的北京师范大学家庭教育课题组，以“从夫妻、家庭、社会多元视角，探索中国本土家庭教育模式”为宗旨，以“引导父母学会观察、理解不同年龄段孩子身心发展规律的知识、现象及技巧，同步提升为人父母的能力与技巧，与孩子同步发展”为目的，研发了中国“家庭·家教·家风”教育丛书。我很高兴看到他们能根据家长和社会的需求研发这样一套作品。

该丛书依托于儿童教育学、儿童心理学和社会学的学科知识，提点出不同场域中成人对孩子的影响，将家风建设很好地融合在整套书中，从孩子、夫妻、家庭和社会这四个维度探讨父母对孩子的教育。它不是单纯的说教，也不是与大家分享借鉴性不大的个人育儿经验，而是系统地提出了一种全新的育儿理念。我相信，在多学科理论知识和多维度基础上编写的这套丛书，一定会对家长们有所启发。

特此推荐，是为序。

赵忠心

中国教育学会家庭教育专业委员会名誉理事长

中国家庭教育学会原副会长

2017 年 3 月 20 日

前　言

不误会孩子　不误导父母

《2014中国城乡家庭教育现状白皮书》对10.83万名中小学生、幼儿园幼儿及家长进行了问卷调查。数据显示，不知道教育方法的家长占37.82%，没时间教育孩子的家长占26.19%。超过一半的家长表示，当孩子出现问题时，希望能得到专业帮助，并且有81.4%的家长认为家庭教育有很多学问，需要学习和培训。然而，目前社会能提供给家长系统学习家庭教育理念及方法的渠道还不足以满足家长的现实需求。其中，家长通过书籍学习的占30.53%，自己摸索的占21.85%，朋友交流的占18.01%，从媒体获取知识的占13.16%，从家长会渠道获取的占12.71%。调查显示，89.09%的家长已经意识到孩子身上表现出的问题源于家庭教育。

当今，我们为什么需要高质量的家庭教育？而且这件事又显得那么急迫？每个家长提起孩子都或多或少显得无奈和手无举措，到底是哪里出了问题？

教育源于家庭，在我国传统的社会家庭中，父母的教养更多的是告诉孩子做人必须坚守的道理和原则，并为孩子提供一些物质方面的供给。那时的社会环境和家庭条件给了孩子很大的发展空间，孩子的很多意识习惯、行为规范都是在父母的言传身教，以及与兄弟姐妹、亲戚朋友、左邻右舍之间的游戏、交往和日常生活中完成的，逐渐长成为有着自己的兴趣和爱好、有着自己坚持的生活态度和原则、也有着自己引以为豪的进步和成就的社会人。

如今，中国社会仍处于转型期，人口流动量大，城镇化快速发展，独生子女的一代逐渐成了新一代的人父人母，这让存在于生活中的真实的朋友圈越来越狭窄，每个小家庭关上了门就“与世隔绝”。这给新一代的年轻父母在教养子女方面带来了很大的困惑，他们认为“生存就必须具有强大的竞争力，所以孩子就应该从小教育，而且越小投资对孩子未来发展越好……”。

于是，胎教、早教、兴趣班、艺术教育、外语教育等各种为孩子未来投资的活动开始了，父母害怕在竞争激烈的今天自己的孩子输在起跑线上，“义无反顾”地替孩子做主，让孩子从小走进技能和知识的世界，满心欢喜地为他们关闭了意识态度、行为习惯养成的大门。然而，仅存下来的对孩子社会适应能力的说教，远不够帮助他们处理好各种社交问题。育儿问题带来的焦虑更让家长们深陷亲子关系、夫妻关系及隔代关系的矛盾中，结果则是传统的社会人伦关系被抛弃，最终让我们生活在无序的生活中。

无序的生活又怎能熏陶和培育出一个有序的孩子？我们到底应该怎样做，才能客观地认识孩子发展的科学规律，发现并给予他们最好的引导，创建积极、稳定、有序的家庭环境，让孩子更好地去适应未来的生活？

基于我们国家的家庭教育的现状，这套丛书从四个维度进行了研究和梳理：

第一部分：儿童。帮助父母了解儿童在不同年龄阶段的发展特点和规律，减轻不必要的育儿焦虑，不再被孩子出现的问题所迷惑。

第二部分：父母。帮助父母了解不同年龄阶段儿童的教养原则，掌握儿童发展的各个关键期及关键引导方法，梳理家庭教育的热点、难点问题，帮助家长成为有辨别力的教养行家。

第三部分：家庭。帮助家长重新认识家庭的教育力量及意义，正确处理家庭中的夫妻、亲子、同胞及隔代关系，营造积极、有序、适宜的家庭物质环境及心理环境，让儿童在良好的家庭文化中健康成长。

第四部分：社会。帮助家长正确认识儿童社会化发展的意义及规律，掌握在日常生活中提升儿童社会适应力的途径及方法，敏锐发掘并合理利用社会资源，让孩子在游戏和同伴交往中习得社会规范，成为一个自信、懂事、善良、被大家喜欢的孩子，为儿童逐步适应社会生活奠定基础。

本套丛书是为广大家长朋友提供的一套依据儿童发展特点制订的家庭教育指南，有以下几个特点：

1. 多学科的知识性、科学性和全面性：客观、科学、全面地从生理、心理、家庭、社会等多学科的角度来解读儿童成长的特点。

2. 以人为本，坚持儿童发展的原则：以儿童的自身发展需要为前提，兼顾社会要求，从儿童的现实生活和成长需要出发，解决儿童成长过程中可能出现的各种发展性问题。同时，注重儿童能力的培养，如生活自理能力、动手能力、反思能力、人际交往能力、良好行为习惯和良好性格的培养等。

3. 教育理念及方法的先进性：将我国传统的家教文化和西方开放的教育理念相结合，注重儿童主动性和创造力培养的同时，将孝心、感恩等优秀的家教门风渗透到日常生活的教养之中。将儿童发展的重要性与父母成长的必要性相结合，帮助家长树立正确的儿童观、家庭观和发展观，成为更加优秀的自己，真正减轻家长的育儿焦虑。

4. 通俗易懂的可操作性：化理论知识为育儿常识，说出父母心中的真实所感、所想、所惑，并用简单易懂的语言讲述最有效、最便捷的教育建议及方法。

随着儿童年龄的不断增长，《N岁孩子 N岁父母》（0～6岁）这套书，希望可以伴随新一代的年轻父母，不断学习、观察、发现、理解儿童成长的一点一滴。与此同时，也希望可以伴随着父母们在一点一滴中同步提升自己为人父母的能力与技巧，成为与孩子同步发展进步的爸爸妈妈。

我们一直坚持着这样的理念开发了本套丛书：（1）不误会孩子：爱TA，就要理解TA；（2）不误导父母：爱TA，就要帮助TA。通过这套丛书，我们希望不仅可以帮助父母们获得家庭教育的相关知识，更希望经过多年的共同努力、共同成长，探索出适用于我国本土经验的，具有实践指导意义的家庭教育指导手册。

北京师范大学家庭教育课题组

2017.3.10

注：北京师范大学家庭教育课题组，是以儿童心理学、教育学、家庭教育学、社会学等多领域的跨学科理论为指导，以当前中国家庭教育的相关政策及实际问题为指向，致力于中国本土化的家庭教育研究，服务于家教体系完善、家教实践指导及家教政策倡导的专业研究团队。

尚立富博士，北京师范大学家庭教育课题组发起人，中国公益教育研究所所长。1998 年至今，关注并从事西部农村教育、公益教育等领域研究近 20 年，著有纪实报告《苦乐之旅》《行走西部》《隐痛与希望》等，主编教材《小学公益教育实践教程（1 ～ 6 年级）》。

本课题组联系方式：jiatingjiaoyu@bnu.edu.cn。

1 ～ 3 岁孩子发展的关键特征

年龄	领域		
	身体和动作	认知和语言	社会性和情绪
1岁至2岁	• 身高和体重增长很快，但比婴儿期要慢 ***大动作*** • 走路越来越稳 • 经常站不稳 • 爬到家具上 • 蹲下来捡东西 • 开始摇摇摆摆地跑步 • 扶着爬楼梯，一次一阶 • 可以玩骑行的玩具，但要把脚蹬在地面上	• 在成人示范下可以模仿一些简单动作 • 通过感觉试误解决问题 • 在故事书中指出物体 • 执行包含一步的指令 • 模仿曾见过的行为 • 15 个月时掌握 4 ～ 5 个词，18 个月 15 ～ 20 个词，24 个月 200 个词 • 会用两个词的词组，24 个月能用简单的句子	• 对熟悉的养育者形成很强的依恋，并与他们保持肢体亲密接触 • 继续把主要依恋对象作为基地，但也愿意出去探险 • 喜欢独自游戏 • 在其他人旁边玩（平行游戏） • 用名字称呼自己 • 理解个人所有权：“我的”

（续）

年龄	领域 身体和动作	认知和语言	社会性和情绪
1岁至2岁	***精细动作*** ○ 从容器中取放小物体 ○ 涂写、涂画 ○ 翻书，同时翻几页 ○ 可以用手或用勺子自己吃饭 ○ 能搭 2～3 块积木	○ 用泛化的词（如把所有饮料都叫作牛奶） ○ 在熟悉的故事中填词	○ 能试着安慰处于痛苦中的人，拥抱、拍拍或拿一个喜欢的玩具给他们
2岁至3岁	***大动作*** ○ 能踮着脚尖走路 ○ 跑步时前倾 ○ 踢比较大的球 ○ 爬 ○ 双手掷球 ○ 跳 ○ 开始蹬三轮车	○ 在一幅画中识别出多个物体 ○ 从许多物体中挑出目标物 ○ 开始理解时间和空间概念的某些方面（如公园很近，我们明天去公园）	○ 喜欢在其他孩子旁边玩，仔细观察其他儿童 ○ 做一些动作来诱发他人的反应（如从成人身边跑开，吸引他们玩追逐游戏） ○ 坚持独立做一些事

（续）

年龄	领域		
	身体和动作	认知和语言	社会性和情绪
2岁至3岁	***精细动作*** ● 表现出左手/右手优势，但还不稳定 ● 搭6块以上积木 ● 穿大珠子 ● 用刀叉 ● 用拇指和食指握笔画画 ● 用剪刀剪东西	● 用过度泛化的概念（如把所有动物都叫作狗） ● 匹配有相似特征的物体 ● 在假装游戏中用一个物体代替另一个（如用积木代替电话） ● 电报语言（如爸爸－再－见） ● 唱出熟悉歌曲的一部分 ● 理解介词（在上方、在上面、在后面）和代词（我的、他的、你的） ● 会用3～5个词的短句 ● 用疑问词（谁、什么、为什么） ● 识别并重复简单韵律 ● 认识并命名几种颜色	● 知道自己是男孩还是女孩 ● 玩简单的角色扮演游戏（如假装开车去商店） ● 愿意和特定的儿童做朋友

目 录

第二部分

做智慧的“1岁”父母 /43

第三部分

创建有宠爱、有规矩的“1 岁”家庭 /145

第四部分

第一部分

读懂你的 1 岁孩子

1～2岁这一年，孩子将要经历翻天覆地的变化。他们犹如雨后春笋般，纷纷破土而出，带着雨后的清新与娇嫩，开始参天的旅程。

1岁，注定是不平凡的一年。孩子从蹒跚学步到抬脚就跑，从牙牙学语到简短表达，从乖巧听话到爱唱反调，从不分你我到言必称"我"……一切变化看似自然而然，却又让人不禁惊叹生命的伟大与神奇。

在这一部分，我们将从四个方面——身体、心智、情感与社会性的发展，由外而内，由表及里，系统地阐述1岁孩子将经历怎样的奇妙变化。1岁的孩子为什么不停地走来走去？1岁的孩子为什么喜欢乐此不疲地扔东西？1岁的孩子不听话是因为到了叛逆期吗？……种种困扰父母的难题、迷惑父母的现象，将随着你对孩子的深刻了解而豁然开朗。

第1章

小小原始人

——1岁孩子的身体及运动发展

在1～2岁这一年中，孩子在大动作能力的发展上将会经历从爬到走、从走到跑、从跑到跳这三个质的飞跃。在精细动作的发展上，孩子们的小手灵巧了许多，快2岁时已经能摞起四五块积木，甚至能拿勺子吃饭了。我们的老祖宗解放了双手便开始使用工具，从此创造了灿烂的人类文明。而这一年，你的家里将出现一个活脱脱的小小原始人。

本能的自己在生长

大自然将生长的本能根植于每个生命体内，这些堪称宇宙间最精密、最复杂的仪器，悄悄运转，并一点点地改变了本来的模样。1岁孩子的成长发育速度将比0岁时缓慢些，面对其身体形态的改变以及体能的变化，即使我们是创造这个生命的人也不禁惊叹——他们正逐步从稚嫩的婴儿态成长为天真的孩童态，表现出人类区别于动物的更多特性。然而这一切并非是谁的设计和安排，仅仅是一种本能的生长……

表1： 1～2岁孩子的身体发育情况

项目	发育状况	说明
身高	● 12月龄孩子的平均身高约为75厘米 ● 24月龄孩子的平均身高约为85厘米	● 增长速度变缓 ● 通常男孩增长速度快于女孩 ● 有些孩子身高超过90厘米，而有些孩子身高则只有80厘米，通常这也是正常的
体重	○ 12月龄孩子的平均体重约为9.8千克 ○ 24月龄孩子的平均体重将达到11～12千克	○ 体重增长渐趋变缓：新生儿第一年体重增加约为6千克；第二年体重增加约为2.5千克
体型	● 与0岁相比发生了明显的变化 ● 婴儿肥消失，身材看上去苗条了不少 ● 头围已经小于胸围 ● 头与身体相比，仍然显得有点儿大	● 头与身体比例仍不均衡，重心不稳，易跌倒。照料者要仔细看护
牙齿	○ 1岁左右，孩子会出上下4颗前齿	○ 孩子的咀嚼功能开始大大增强，可以顺利地尝试各种食物

（续）

项目	发育状况	说明
牙齿	○ 更爱咬东西了，会通过咬来探索和体验物体，最终学会使用前齿咬断食物 ○ 通常1岁半后长出第一颗臼齿，随后是犬齿	○ 因为最大的臼齿通常要2岁后才长出来，所以此时孩子还不能吃太硬难以嚼碎的食物 ○ 正处于口唇期，主要用嘴来感知世界，家长不要阻止孩子的这种探索行为，但要保证孩子咬的东西的卫生
视力	● 刚满1岁的孩子，其视力能达到0.2 ● 到2岁时，视力通常会达到0.4 ● 能够判断事物的远近 ● 视线喜欢追随快速移动的物体，并且能够看清楚	● 1岁，孩子的眼睛将会引导手部活动，因此手眼协调能力和视觉辨识能力大大提高
听力	○ 能够寻找侧面、下面、上面的声源 ○ 听力水平接近成年人水平	

（续）

项目	发育状况	说明
囟门	●满13个月时，囟门通常会闭合 ●有的孩子此时还能明显地摸到囟门的搏动，通常也属正常 ●囟门闭合的时间存在明显的个体差异，有的孩子出生时囟门就很小，有的2岁多时囟门还未完全闭合	●囟门闭合的早晚并不能成为判断孩子是否正常的标准，更不是孩子是否缺钙的判断依据 ●如果囟门的缝隙看起来比原来更大，这种情况应引起家长注意，家长需带孩子到医院检查

对1岁孩子的身体发育情况大致了解，对这一年的养育和教育都具有重要的指导作用。身体的发育必然会带动体能、智能和情感的相应发展，在本书的后面，我们将会详细阐述。除了孩子的情感会发生变化外，父母的情感也会随之变化。由于这一阶段孩子牙齿的发育，咀嚼能力随之发展，宝宝的面部也有了改变，开始呈现出幼儿的模样。从婴儿态到幼儿态的变化，可能会触动为人父母者的伤感神经，毕竟这意味着时光如指间沙一样流走，“我陪着你慢慢长大，你看着我慢慢变老”的故事已经上演。

从蹒跚学步到自由奔跑

自由，是人类原始而本能的渴望。能够控制身体，想去哪儿就去哪儿，这种感觉很棒，孩子们渴望拥有这种能力，因为他们的世界会因此而变得更大。

1 岁半时的孩子，肢体活动在所有活动中所占比例最高：一方面是因为这一时期是孩子运动能力发展的重要时期；另一方面则是因为这一时期的孩子还不会用语言来表达自己的意愿，肢体动作是这个阶段孩子最重要的表达方式。

儿童的动作发展遵循头尾原则和近远原则。头尾原则是指从头到尾，儿童最早发展的动作是头部动作，其次是躯干部动作，最后是脚的动作。任何一个儿童的动作总是沿着抬头—翻身—坐—爬行—站立—行走的方向发展。近远原则是指由近及远，动作发展是从身体的中部开始，然后延伸到边缘部分，头部和躯干的动作发展先于四肢，手臂和腿的动作发展先于手指和脚趾。1 岁以后会走路的孩子，其大动作发展顺序通常是走、蹲、跑、上楼、下楼、跳。

从感到拥有足够的自信心而跨出第一步到学会行走、跑跳的过程，

Tips

由于个体差异的存在，有的孩子在学会走路几个月之后还不会跑，有的孩子在两岁半之后还不太会跳，这也不是什么令人担心的问题。家长不必为此过于焦虑。

不仅是孩子身体发育的结果，也是其心理发展的结果。通过迈出第一步，孩子进入了一个不同的、独立的世界。从处处依赖他人到独立行动，这是孩子重要的情感飞跃，他的背后需要巨大的情感支持，因此，这个过程也需要父母的不断拥抱和安慰来给予孩子鼓励和力量。

智慧从指间萌发

人们常说“心灵手巧”，正是因为手巧，人类才能超越大猩猩等高智商动物，完成进化中的重要一关，制造出各种工具，建立起庞大复杂的人类王国。所以，手对整个人类历史具有特殊意义，对一个孩童的发展亦是如此。可以说，智慧源于指尖，婴幼儿手部动作的发展会大大促进其大脑的发育、成熟和完善。

1岁孩子的手部精细动作发展

1～2岁期间，孩子的精细动作能力进入了飞速发展阶段，尤其是手的灵巧度提升更快。婴幼儿精细动作的发展同样也是遵循近远原则，例如手的发展，顺序依次是手臂、手腕、全手掌、多个手指、两个手指。

对比 1 岁半之前和之后孩子的动手能力，我们就会清晰地发现这样的规律：

◎ 1 岁至 1 岁半之前，孩子的大部分动作是运用手腕、全手掌或多手指来完成的，相较 1 岁前有了很大的进步；1 岁半之后，孩子更会运用手指了，经常会用拇指和食指来完成一些有难度的动作。

◎ 1 岁半之后，孩子的手眼协调能力和耐性都变得更好了，他们的手也变得更加灵巧，这促使他们怀着更大的热情去尝试感兴趣的事情，更多的时候他们会坚持做完事情，而不再是“浅尝辄止”。

Tips

有的孩子喜欢用右手做事，有的孩子喜欢用左手做事，父母们无需刻意对此进行干预或纠正，这只是一种利手问题。双手配合做事能更好地帮助孩子们探索世界。

“破坏行为”的本质

大人们经常将孩子们的某些行为视为“破坏行为”：这些“小捣蛋”们一边吃饭一边将米饭撒得满地都是；把手伸进马桶里搅水；将生面团扔在地上踩出鞋底的花纹；挥舞着棍棒等“武器”威武地走来走去；把卫生纸卷扯出几米长，从这屋走到那屋……这些举动看上去确实非常具有“破坏性”，可是正是这些“破坏行为”有助于孩子们发展精细动作的能力，锻炼他们灵巧的双手和聪明的大脑。

所以，我们为何不用一种欣赏的眼光去看待孩子们的这些行为呢？与那些行为艺术家们让人完全摸不着头脑的“艺术表达”相比，孩子们的所作所为又何尝不是一种艺术、一种创造呢？至少他们的行为都怀着积极探索世界的崇高目的，仅此一点，就值得我们鼓励和赞赏，他们甚至还可以促使我们成年人破除陈规旧习，打破僵化的思维，用不寻常的方式去探索新世界。创造的智慧不就是这么来的吗？就看你怎么看待和引导孩子们的行为了！

漫无目的地游荡

年龄不同，“好动”本质也不同

人们常说，“要么读书，要么旅行，身体与灵魂总要有一个在路上”。1岁的孩子可谓是“身体在路上”的忠实践行者，对世界的探索，孩子们从未停止过。

随着身体的发育、行为和语言能力的发展，以及独立意识的觉醒，在行为特征上，1岁孩子的表现与0岁的婴儿明显不同——他们喜欢漫无目的地四处游荡。

与安静的、只会爬行的0岁婴儿相比，1岁的孩子学会走路以后，极其好动，没有一刻是闲着的，只要醒着他们就会一刻不停地走来走去。相比静止的物品，1 岁的孩子更加关注各种能动的物体，比如从草丛中跑过来的小狗、小猫，马路上奔驰的汽车，等等。这些都能让孩子们观看半天，他们想要走过去摸一摸，甚至咬一咬。

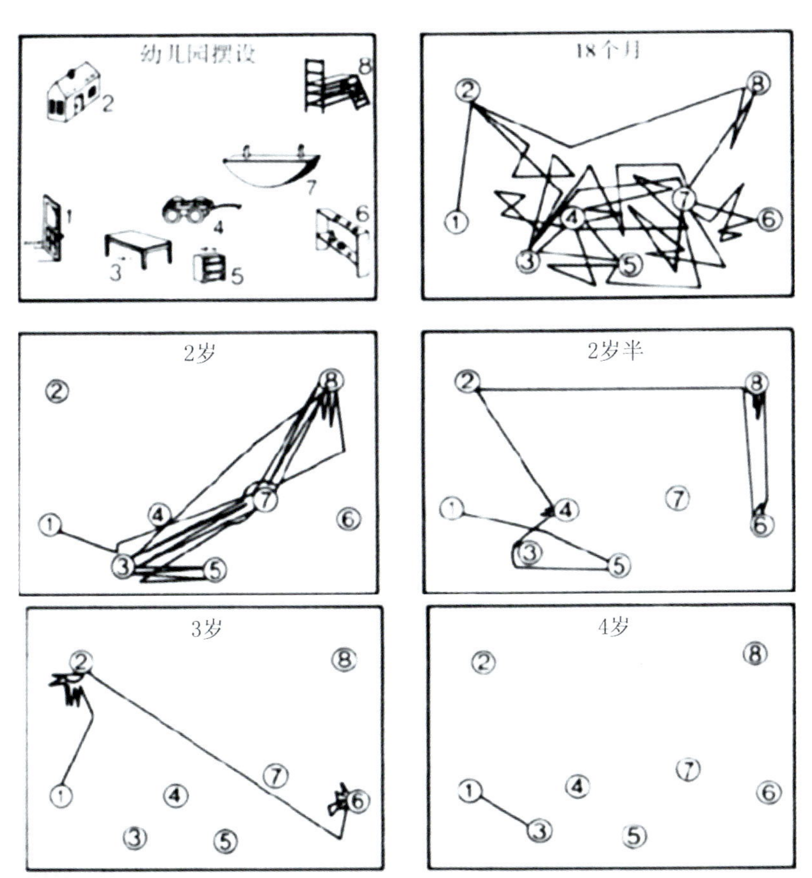

不同孩子的活动路径图

与同样好动、能力更强的 2 岁和 3 岁孩子相比，1 岁孩子的四处游荡是毫无目的的。2岁孩子通常会在某处停留一会儿或者安稳地玩一会儿；3岁孩子则通常是带着明确的目的奔向某处，一旦到达就会停下来专注做事；而1岁孩子则没有任何目的，他们在每个地方都会做短暂的停留，然后马上离开。在整个1岁这一年，我们都会看到孩子如此这般在家里各处或室外各处转来转去，怀揣着巨大的好奇心，对世界进行着无目的、无计划、无序的探索。

用身体来“思考”

1岁的孩子从“爬”到“站”再到“走”，完成了从“猿”到“人”的重大进化。获得了行走的能力后，他们开始了漫无目的的“游民”生活，四处游荡。为什么1岁的孩子喜欢不停地动？这是因为这个年龄段的孩子要用自己的身体来“思考”问题。当他对什么东西感兴趣的时候，他就会用身体不同的部位去触摸、去感知，并把获得的信息用身体来传递给大脑（这就是皮亚杰所说的“感知运动时期”）。此外，他还要用“身体”来唤醒大脑，例如，当他用脚走路时，他的脚和腿就会感受走在不同地方的感觉：是平坦无阻，还是坑坑洼洼；是下坡还是上坡。脚和腿会把不同的感受传递给大脑，大脑接收了来自身体的信息，就会开始工作。

这种漫无目的的游荡对1岁的孩子来说非常重要。它不仅大大锻炼了 1 岁孩子双腿的力量，让他们走路走得更稳了，而且将孩子的世界一下子拓展得很大——不再局限在床、沙发、地板、婴儿车范围内的摸爬滚打，而是包括了家里的每个角落、小区的游戏场所、公园的草地、淘气堡的各种大型玩具，等等。孩子在游荡中能接触很多的人、物和事，大大地增长了见识，丰富了体验，智力与情感也随之得到快速发展。妈妈们时常感慨，孩子真是一天一个样啊，每天都长新本领。可谓是，“士别三日，当刮目相看”了！

对“扔”东西乐此不疲

“扔东西”的表现和原因

1 岁的孩子有一个突出的爱好——喜欢扔东西。别人递给他的东西，他接过来就扔在地上，大人捡起来递给他，他再扔到地上。大人让他自己捡起来，有时他也会“听话”地捡起来，但是转身后，他会再次把东西扔到地上。

有的成人不理解，以为这是孩子不听话，故意捣乱，因而训斥他；或是以为孩子生气了，不停地追问：“宝宝怎么了？宝宝为什么不高兴呀？”其实，孩子并没有捣乱，也没有不高兴。“扔”东西只是这个年龄阶段的一种游戏。不要以为只有设计好规则的游戏才是游戏，标签上写着“玩具”二字的物品才是玩具。对1岁的孩子来说，什么都可能成为游戏，一切也皆可做玩具，并且所有游戏都能让他们习得新东西。

Tips

上面阐述的孩子这种自娱自乐式的“扔东西”，有别于那些故意或发脾气的扔东西，父母要细心观察孩子“扔”的行为，区别对待。另外，照料这一年龄段的孩子，安全性仍是首要的，所以不要给孩子提供易碎、易破等存在潜在危险的玩具，以免孩子在扔东西这种特定游戏中受伤害。

“扔”东西的作用

孩子通过不厌其烦、乐此不疲地玩“扔东西”的游戏，能学到什么呢？不同的东西扔到地上会发出不同的声音；有的东西扔出去会飘；有的东西扔到地上会弹起来；有的东西扔到地上会滚出很远……成人不觉得这些简单的现象好玩，可是对孩子们来说，这些都是新奇的体验。同时，手眼协调、寻找物体、抓握物体等能力也在“扔”东西的重复动作中被学习和掌握。更重要的是，孩子知道了自己能够引起事物的变化，对它们产生影响，从而感受到了自己的力量。

另外，“扔”东西这种行为也能让孩子感知与父母的关系以及和世界的关系。在游戏中，父母的态度与方式潜移默化地在孩子的头脑中留下了最初的痕迹。父母通过与孩子进行鼓励性的眼神交流和身体接触，能够激发孩子的积极反应，使其产生自信与满足感，更有兴趣去探索周围的世界，这不仅有助于孩子情绪的发展，也强化了亲子关系。

模仿一切人一切事

模仿的表现

公园里，几个年轻人躺在草地上，闭着眼睛惬意地享受着春日的阳光。一个 1 岁多的孩子走过去，也学着他们的样子躺在草地上晒太阳，脸上一副舒服的表情，而且还滚来滚去，惹得周围人哈哈大笑。

妈妈下班回家后，把高跟鞋脱下来走进洗手间洗手。出来时，发现胖嘟嘟的宝宝正穿着她的高跟鞋在屋里走来走去，小小的脚丫只占了高跟鞋的前脚掌部分，她时不时地被自己绊倒，回头看着妈妈还一脸得意的笑容，妈妈忍不住笑起来。

姥姥拿笤帚扫地，宝宝走过去抢过笤帚，学着姥姥的样子拖着笤帚一下一下地扫，长长的笤帚好像随时要把他绊倒。姥姥只好又拿出一把笤帚，还没开始扫，宝宝又过来抢走，一手一把，忙得不亦乐乎。这样的游戏每天都在发生，姥姥已经习以为常了，幸好家里还有第三把笤帚。

……

1岁的孩子已经有了很强的模仿能力，80%的13～20月龄的孩子能重复多步骤动作。对孩子来说，无论是爸爸、妈妈、爷爷、奶奶，还是陌生人……每一个人都值得去模仿，无论是语言、动作，还是表情、态度，他们模仿起来都会兴致盎然。他们会模仿妈妈说话，模仿爸爸喝酒，模仿奶奶咳嗽，模仿爷爷皱眉头，模仿动画片或书上的小动物鼓掌、尖叫、原地转圈、哭泣和大笑……

其实，模仿行为不是从1岁开始的，而是个体天生自带的技能。早在婴儿四周大时，妈妈抱起他跟他说话，他的小嘴就会一张一合地模仿妈妈说话的口型，并且会模仿妈妈的笑。

Tips

孩子就如同一面镜子，其行为映射出父母平日里或好或坏的行为，只有父母做得好，孩子才能学得好。所以，父母要对自己各方面的表现加以注意，时刻记得有个全天候不停歇的小人儿在“监视”着我们的行为。感谢孩子，给了我们一个成为“更好的自己”的机会。

模仿的意义

模仿是人类学习的基础，其实成年人也一直在模仿——在学习中模仿优秀者的学习方法，在工作中模仿先进者的成功思路。一切创新都是在模仿的基础之上诞生的。模仿对人的意义重大，对孩子来说尤为重要。模仿能力是每个孩子体内自带的“老师”和“督学”，敦促着他们自发地去探索和学习。1岁的孩子通过模仿来学习说话，学习走、跑、攀爬，学习唱歌、绘画，学习游戏和思考，从而掌握各种本领，得到长足的发展。

第 2 章

心智能力萌芽

——1 岁孩子的认知与能力发展

世界上最动听的语言是什么？想必就是婴儿发出的第一声“爸爸”“妈妈”了吧。稚嫩的童声在父母的耳中不啻天籁之音。1～2岁这一年里，这种美妙的童声将会爆出连连惊喜，让父母应接不暇。用眼睛看世界、用耳朵听世界、用心灵感受世界、用智慧探索世界，将成为孩子们的日常功课。

咿咿呀呀学说话

一般认为，5 岁前婴幼儿的语言发展大致可分为：前语言时期、单词句时期、电报句时期和学前时期，而前三个时期都集中在 2 岁前，尤其是 1～2 岁期间，这是婴幼儿语言发展的重要阶段。

10～13 月龄的语言发展

这个阶段，绝大部分孩子已经会叫“爸爸”“妈妈”了，他们会在特定的情境下发出特定的声音。比如，吃饭的时候会发出“mamamama”的声音，玩玩具的时候会“dadadada”地说个不停。父母们会发现，这个阶段的孩子虽然还不会说话，但已经能理解不少词语的意思了。

Tips

如果此时您的孩子一个字都不会说，语言发展比其他孩子滞后一些，爸爸妈妈也不必过于焦虑。

孩子在语言发展上存在着显著的个体差异：有的孩子不到1岁就会说简单的字句，会有意识地叫“爸爸”“妈妈”；而有的孩子直到2岁才肯开口说话。不过父母们需要关注一个问题——孩子是否能正常听到外界的声音。如果孩子不能听到外界声音，其语言发展能力则会大大受限。如果怀疑孩子有听力受损这方面的问题，父母要尽早带孩子去检查和确诊。

14～18月龄的语言发展

这个时期通常被称为“单词句时期”，这时大部分孩子都能说简单的单字或叠字，如“拿”“给”“果果”等。无意义的发音现象明显减少，独处时停止自发发音，但通常发音不够清晰。例如，大部分孩子刚学说话时，“姥姥”这个词都会发成“袄袄”“咬咬”或其他类似音。有研究表明，10～15月龄的孩子平均每个月掌握1～3个新词语；到16月龄时，词汇量会出现爆发式的增长。在语言理解能力上，孩子能够听懂很多和自己生活相关的名词，也能听懂一些简单的指令，比如“走过来”“坐下”“把球给妈妈”等。在语言表达能力上，孩子能说出简单的句子，比如他们可以用类似“宝宝饭饭”这样的短句来表达自己想吃东西的意愿。

19～24 月龄的语言发展

这一时期的语言发展是“电报句时期”。顾名思义，孩子说出的句子就像成人发的电报一样，词语明确清晰，但不一定完整。例如，孩子会用“宝宝鞋”来表达“宝宝穿鞋”或“宝宝的鞋”的意思。孩子的发音变得更加清晰，词汇量也大大增加。到 22 月龄时，大部分孩子可以掌握约 300 个词汇。

这一阶段孩子的语言理解能力进一步提高，能够听懂大部分和日常生活相关的语言，约半数的孩子能够理解“我”和“我们”的不同，甚至可以理解一些简单的故事。当孩子指着家里的物品，甜甜地报着诸如“电视”“空调”“灯”“冰箱”等名字时，相信你作为父母的惊喜和自豪会无以言表吧。随着语言理解能力的发展，孩子的想象力也得到了发展，1 岁孩子听简单的故事时能够想象出相应的画面。

爱模仿，会创新

1 岁的孩子会对语言发生浓厚兴趣，当家里人对话时，他会竖起小耳朵认真倾听，并时不时模仿一下对话者的语调和语气，令人忍俊不禁。他们不仅模仿，还会自己创造。例如，大人说："危险，不要动！"宝宝会说："危险，宝宝哭！"这种对句式的模仿加入了孩子自己理解的新词语，真是一种令人赞叹的整合创造能力！

爱说话，爱交流

Tips

孩子在这个时期的语言学习，只需要鼓励和回应，甚至都不需要纠正。

这个年龄段的孩子喜欢说话，经常像个小"话痨"一样，说起来没完没了。虽然几乎没有人能听懂孩子说的是哪国的"外语"，可是他依然说得津津有味。他们有时还会用富有节奏的语调像唱歌一样说话。父母们仔细听，可能会听懂，孩子是在说儿歌或唐诗呢。孩子学习语言的目的非常明确，就是为了交流、沟通、表达意愿。因此，他们不仅热切地运用语言，还会自发地配合各种肢体动作来跟家长交流。

爱直呼其名

这个年龄段的孩子特别喜欢对身边的家人直呼其名。他们不仅常常呼叫爸爸妈妈的名字，甚至对祖辈也是直呼大名。很多父母认为这很不礼貌，因此会批评孩子。其实，这是大部分孩子都会经历的对语言的大胆尝试，孩子只是想体验呼叫他人名字并得到回应的快乐，并不含有不尊重的意味，因而也就不是一种不礼貌行为。父母如果不喜欢孩子这样称呼别人，可以引导其说出正确的称呼，而不要妄加批评和阻止。

倾听比说更重要

Tips

这个阶段是孩子语言能力的储备阶段，无论是词汇量的储备，还是语法理解的储备，都为孩子 3 岁时语言的爆发性释放奠定了深厚的基础。

当小小“原始人”咿咿呀呀说了几个月让人听不懂的“外语”，突然有一天开口发出第一个清晰的音时，作为父母，你的人生因此而改变了——不仅仅是你对此的兴奋和激动，而且还伴随长期的行为改变。你变得比从前更爱和孩子说话了，可能会从一个少言寡语的人变成了滔滔不绝的人。这种改变不仅让你更加了解孩子的想法，而且也让自己获得一种从未有过的愉悦感。

1 ～ 2 岁，对孩子来说是一个语言储备期，其实这时，倾听比说更重要。对语言的观察和倾听行为占据了该阶段孩子的相当一部分时间。例如，我们经常发现当父母与哥哥、姐姐说一些小孩子熟悉的话时，小孩子会在一旁认真地看着他们。除了倾听大人与其他孩子的聊天之外，孩子还喜欢倾听电话、录音机、电视机等机器中发出的语言。通常来说，只要对话处于孩子能够理解的水平范围内，他们都愿意安静地倾听。但这两种倾听的效果是不同的，前者对孩子语言能力的发展会产生更大的、更积极的作用。因此，成人应该为孩子提供更多的倾听人与人之间面对面的语言交流的机会，而非机器或玩具发出的声音或语言。因此，家长给孩子读故事、和孩子聊天等，是非常必要的。

开始解决问题

人们通常认为，1岁的孩子是不会思考的，因为他们的行动先于大脑，走到某个地方或看到某物之后再想要干什么，因此这一年龄段也被称为“用脚思考”的时期。其实他们只是还不太会主动思考和提前计划而已，但是他们的理解力已经有了一定程度的发展，甚至创造力开始萌芽，已经能够尝试自己解决某些问题了。著名的心理学家皮亚杰认为，在1～2岁这个阶段的认知发展中，幼儿通常会用尝试、重复和模仿的方式来解决问题。

尝试、重复和模仿

1岁孩子最乐此不疲、又让成人无奈的游戏包括：不停地按灯的开关，一边看着灯亮灯灭，一边开心尖叫；看到遥控器就要按，然后观看电视的变化，兴致勃勃。这说明孩子已经能理解简单的因果关系了：知道按开关，灯就会亮或者灭；按遥控器，电视会换节目。在了解了自己的行为会产生某种结果之后，这个年龄段的孩子就会尝试去做很多事，例如，想走到门外去，孩子就会尝试去推门，看是否能推开门，或用手去拉门把手，看是否会拉开门。在不断的尝试中，孩子们获得了很多解决问题的经验。

一方面，他们喜欢重复原来的事情，比如一遍又一遍地看同一集动画片，百看不厌；另一方面他们又爱好尝试新鲜的事情，什么都要试一试。其实这两点并不矛盾，孩子用重复的方式将学到的新技能、新知识逐渐掌握、内化，用尝试的方式去获取更多的新技能和新知识。正是在这种重复与尝试中，孩子扩展了自己的思维，丰富了自己的经验，从而发现了解决问题的办法。

例如，一个宝宝走路时不小心踩到了会发声的玩具长颈鹿，玩具长颈鹿发出了声音。这时，宝宝就会故意再踩几次，看看“长颈鹿”是否还会发声。这就是孩子在解决问题的过程中表现出的创造性，他们会通过尝试和重复找到达成目的的办法。

另外，1 岁的孩子还会通过模仿他人的行为来解决问题。例如，看到父母将重物放在小推车里推走，孩子也会模仿着将自己拿不动的重物放进小车里推走。其实成人解决问题不也经常是通过模仿他人的行为或策略吗?

感受万物灵与美

人类天生就会感受美、向往美、追求美，人们从婴儿期开始就有这种表现。约半岁的婴儿处于对美感的模糊认识阶段。他们听到轻柔悦耳的音乐时，会有意识地转向发出声音的方向，并晃动身体，做出愉悦的反应；而嘈杂的噪声则容易让婴儿哭闹不安。他们对颜色、线条、图形也有自己的喜好。例如，他们喜欢鲜艳的红色、橙色、黄色等，不喜欢冷色调；喜欢明亮的颜色，不喜欢暗淡的颜色；喜欢曲线，对直线无感，等等。而1岁后，孩子对美感的认识会更深一步，并融入了模仿创造的行为。

音乐能力的发展

1岁的孩子对音乐尤其是节奏更加敏感，他们会津津有味地模仿成人或早教机朗诵的唐诗、儿歌。例如，孩子跟着家长说几遍“白日依山尽，黄河入海流”这两句诗后，当家长说出“白日”时，孩子就会接着说“依山尽”，家长说“黄河”，孩子就会说“入海流”，尽管孩子的发音并不清晰准确。有些家长以为这是孩子对诗歌感兴趣，其实这更应该归结为孩子对韵律和节拍感兴趣。

他们还会自发地咿咿呀呀地“唱歌”，虽然完全听不出什么调，但和说话有着本质的区别，他们的“歌唱”加入了节奏，音高也不同。这个阶段的孩子不可能唱出完整的歌曲，他们只是在以自己的方式享受音乐带来的快乐和美感。

1 岁的孩子还喜欢制造声音，他们经常会敲打玩具鼓、木盒子、塑料瓶，使其发出梆梆梆、咚咚咚、哗哗哗的响声。虽然这些声音听上去并不美妙，但对孩子来说，这是对他们音乐能力发展的一种帮助。不过大多数时候，1 岁的孩子更喜欢节奏鲜明、旋律优美的音乐。听到音乐时，他们常常会随着节拍“翩翩起舞”。当然，他们的舞姿只是前后左右地摇摆，虽不优美，却憨态可掬。

艺术能力的发展

在绘画方面，1 岁的孩子还谈不上有多么深入的认识，甚至连颜色还认不全，不过这并不妨碍他们进行“创作”：用左手或右手抓起笔，在任何地方都能画出所谓的一些线条或一些点。接近 2 岁时，孩子还会告诉你他画的是什么，虽然你从画中完全看不到一丁点儿与其所说的事物相似的影子，但这就是 1 岁孩子本能的创作。

美感欣赏能力的发展

在欣赏美的能力上，1岁孩子的表现无法用成人世界的审美和品味去衡量和评判，但对色彩鲜艳、外形可爱的物品，他们总是会看一看、摸一摸，甚至趴上去闻一闻。他们对音质柔和、旋律优美的音乐会产生浓厚的兴趣。

第3章

喜怒惊嫉，真情如是

——1岁孩子的情绪与个性发展

1岁孩子的情绪、情感表达是纯真的自然本色。如果你觉得他们的情感仅仅如此，那你就错了。他们也有了更多复杂、微妙的小情绪，甚至是狡猾的小心思。他们也会惊奇，也会羡慕，也会害羞……他们甚至在犯错时会内疚，在父母抱其他孩子时会嫉妒。更令人意想不到的是，他们已经开始表现出强烈的占有欲和伪装的“同理心”了。

情绪之多万万没想到

22个月大的肯肯把遥控器弄丢了。姥姥、姥爷两个人满屋子找也没找到。姥姥一边找一边说：“让你淘气！把遥控器弄没了，姥爷看不了电视了吧？！”此时的肯肯紧紧地闭着双眼，嘴里不停地说着：“是我把遥控器弄没了，找不到了。”然后又重重地说了一句：“淘气！太淘气！”满脸都是自责的神情，并且不敢睁开眼睛，仿佛害怕看到成人责备的眼光，以及自己犯下的错误，这让姥姥、姥爷好心疼。

上面的例子说明，1岁的孩子已经拥有了因意识到自己犯错而产生的内疚感和自责感，或因伤害了他人而产生的恐惧感。其实，1岁的孩子除了拥有上述的这些情绪，还拥有更多的其他情绪体验。随着大脑的发育，1岁孩子的情绪表达变得更加丰富，他们会用微笑表达喜爱，用大笑表达高兴、开心，用哭泣表达焦虑、生气和恐惧；他们会对陌生人表现出谨慎，对嘈杂的环境表现出烦躁……除此之外，他们还能表达惊奇、害羞，甚至内疚、嫉妒等微妙情绪，以及这个年龄段所特有的占有欲和保护欲，另外，他们还会有一些貌似同理心的行为表现。

表2： 1～2岁孩子的情绪情感发展

快乐	○ 1岁孩子的快乐大部分来自于和最亲近的人愉快相处。例如和父母一起做游戏、看动画片，或者父母给他们讲故事，在草地上追逐玩耍……此时他们会特别开心，甚至会不由自主地尖叫
愤怒	● 与0岁相比，随着年龄的增长，孩子的愤怒情绪也“版本升级”，大哭大叫、摔东西、耍脾气，这些激烈行为出现的频率越来越高
恐惧	○ 1岁的孩子通常害怕雷声、鞭炮声等突然的响声；害怕打针、吃药等有过不愉快经验的事情；害怕陌生人和陌生的环境；害怕成人恐吓的言辞；害怕受伤
惊奇	● 在遇到新奇的事情时，孩子的表情分明就是一个大写的“？”，脑子里可能是在想“这是什么？”“怎么回事？”“为什么会这样？”只是他们还不太会表达

害羞	○ 1 岁后，有的孩子和同伴在一起时很自在，遇到不熟悉的成人则会躲到家长身后；有的孩子则正好相反，喜欢和成人在一起，遇到同伴会很羞怯。这与孩子的先天气质类型以及后天环境影响密切相关
嫉妒	● 1 岁孩子的嫉妒表现还处于初级阶段，通常和占有父母以及玩具相关。比如爸爸妈妈抱其他同伴，孩子就会不满、哭闹，甚至上前推打同伴，并要求爸爸妈妈抱自己。如果发现同伴拥有自己没有的玩具时，就会产生羡慕感，如果同伴不肯分享，此时孩子可能会上前抢夺或破坏该玩具
分离焦虑	○ 1 岁后，孩子的分离焦虑会越来越强烈，变得越来越“粘人”
陌生人焦虑	● 随着年龄的增加，孩子对陌生人和陌生环境的焦虑感也越来越强烈，见到陌生人会哭闹、抗拒
占有欲	○ 把“我的”时常挂在嘴边，对自己的所有物有很强的防卫心理。他们不会分享自己喜欢的东西，怕一旦分享后会成为别人的东西。1 岁的孩子很在意属于自己的东西，也拒绝接受不属于自己的东西，尤其是自己不喜欢的东西
同理心	● 如果母亲和该年龄段的孩子在游戏时，假装因没吃到好吃的而哭起来，孩子就会拍拍母亲以示安慰，并且把自己喜欢的玩具或食物送给母亲（这通常是孩子对大人行为的简单模仿，而非真正发展出了同理心。）
分享	○ 如果 1 岁的孩子正在进餐，家长说：“好像很好吃哦。”此时孩子就会高兴地把食物分享给家长（这种行为也不是真正意义上的分享，而是对大人行为的模仿。）

察言观色的小机灵

“察言观色”是对他人情绪的共情

察言观色是人类在社会生存的必备技能，是指一个人对他人情绪的理解，是与人交流和发展社会关系的基础，也是对个体发展情况和适应社会情况的反映。其实，出生不久的婴儿已经表现出了这种技能。几个月大的婴儿就能通过别人的表情和语调判断对方是友爱的还是怀有恶意的。例如，母亲微笑的脸会让宝宝微笑，紧绷着脸的表情会让宝宝觉得害怕，使他咧开小嘴就哭了。

察言观色的目的一：判断自身行为的对错

1岁后，孩子察言观色的本领更厉害了，不仅能看懂别人的表情，听懂别人的语气，而且还能通过这些来判断自己行为的对错。例如，孩子吃饼干时，拿起一块放进家长的嘴里，家长露出开心的表情，夸奖“宝宝真乖”，孩子就知道给家长吃饼干能让家长高兴，获得赞许。当孩子故意把食物扔在地上，家长皱起眉头，用责备的语气训斥他时，他就知道了这样做是错的，是家长不允许的。

察言观色的目的二：积累社会规则

由于 1 岁的孩子对社会规则的了解还很少，所以他们会故意做各种事情来观察成人的反应，然后在头脑中积累和分类，最终习得哪些事情是可以做的，哪些事情是安全的，哪些事情会让父母高兴，哪些事情可以得到赞赏……这其中不仅包括了孩子对情绪状态的理解，还包括了他们对情绪产生的原因、结果以及影响的理解。

通过察言观色，孩子会判断谁是自己的支持者，谁对自己最有利，于是总是会智慧地寻求到打破规则的许可和保护。对父母来说，保持对孩子教育的一致性是他们面临的挑战。

温馨贴士

绝大部分 1 ～ 2 岁孩子的成长环境都是宽松的、充满爱的，所以“察言观色”这种技能也只能初显露一点点。反之，如果孩子过于小心谨慎，频繁地察言观色，家长就应该反思自己为孩子创设的成长环境是否太过严苛了。毕竟一两岁的孩子还处于天真无忌的年龄，如果凡事都要看成人的神色再做判断和尝试，长此以往，不仅会使孩子发展出取悦他人的性格，还会让孩子错过太多应该大胆尝试的新事物、新体验，从而限制孩子的身心发展。

自我意识萌发

自我意识的发展规律

自我意识是指对自己作为可识别的、不同于周围世界的个体的一种认知，它不是与生俱来的，而是在孩子与环境的相互作用中逐渐形成的。刚出生的小婴儿还不能意识到自己身体的存在，常常会把自己的小手或小脚当成玩具玩。到两三个月大时，婴儿开始对镜子中的自己好奇，想要伸手去摸一摸。到八九个月大时，他们就逐渐明白镜子里的宝宝就是自己。

1岁后，随着肢体运动能力的发展，孩子可以用手来移动各种物体，用脚去改变物体的位置，能更加清晰地知道自己与其他物体以及其他人并不是一体的。伴随语言理解能力的发展，1岁的孩子会逐渐意识到自己的名字。他们会看向叫其名字的人，也会记住其他孩子的名字并加以区别。在此之前，他们只会意识到自己的事；1岁后，他们开始意识到其他人的存在。

1岁后，孩子的自我意识如雨后春笋般萌发，在2～3岁期间则会像野火燎原一样轰轰烈烈地发展。随之而来的是嫉妒、骄傲、同理心等与自我意识相关联的情绪的发展。另外，内疚、尴尬、羞耻感等情绪，是孩子在了解了社会认可的标准、规则和目标的基础上，对自己的行为所做的自我评价性的情绪。1 岁的孩子会为自己的错误行为感到内疚，但还未拥有明显的羞耻感。此时，他们关注的焦点只是不好的行为，而非不好的自己。

就爱唱反调——“不要”

——“宝贝，我们出去玩！”

——“不要！”

——“宝贝，该洗澡了！”

——“不要！”

——“宝贝，吃一口鸡蛋羹！”

——“不要！不要！不要！”

……

孩子到 1 岁半左右，父母们会遭遇共同烦恼：孩子突然从“乖顺宝宝”变成了“叛逆宝宝”。他们天天把“不要”挂嘴边；稍有不顺心就会大发脾气，哭闹不停；拒绝吃饭、洗澡、睡觉；喜欢摇头；有时会动手打人，甚至咬人；喜欢抢玩具；一旦不熟悉的人动了自己的物品，就会愤怒地哭闹或尖叫，甚至做出攻击行为……各种无理取闹，父母感觉简直没法“伺候”了！

儿童心理发展的相关研究成果显示，从1岁半左右开始，孩子的自我中心意识开始萌芽，他们喜欢唱反调了，常挂嘴边的口头禅是“不行”“不要”“不”等。等到1岁9个月大时，他们又慢慢发展为喜欢说“我的”。

Tips

正如“三翻六坐八爬”一样，说“不”也是孩子的适龄行为，是孩子成长的必经阶段，这也是其自我意识萌芽的表现之一。

1岁半左右的孩子对任何事情都会先说“不要”，这是孩子自己感觉有能力做决定时，为了确定这种新能力常用的一句话。1岁多的孩子还不明白服从指令的意义，即使被父母呵斥，也知道这么做父母会不高兴，他们还是会一再去做某件认定的事情。这意味着孩子进入了一段“只关注自己，不在意他人”的自我中心期。例如，大人越不让往地上扔东西，孩子扔得越起劲。这其实是孩子与大人抗衡的心理在作怪，并不是他多么喜欢扔东西，他仅仅是想告诉家长他不想被控制。

物权意识——“我的”

1岁半后，孩子会逐渐放弃“不要”这句口头禅，而钟情于说“我的”，这是孩子自我意识表现方式的转变。这个阶段的孩子不但对自己的所有物表现出强烈的占有欲，还很清楚这些东西究竟是谁的。他们已经发展出了一定的自我概念，知道自己的所有物是自己的一部分。因此，这一阶段孩子对自己的所有物保护欲极强。例如，跟孩子要手中的苹果，他会紧紧地护住不给，嘴里不断地说着："我的，我的。"或者把苹果递给你，可当你伸手去接时，他又不舍地把手缩回去，像是在逗你玩。很多成人此时会逗孩子说："真小气！"其实这并非孩子小气，因为如果别人拿走盘子里的其他苹果，他不会阻止，更不会抢回来；但若想要走他手里的东西，还真不是件容易的事情。请看下面的例子。

一个小女孩快过 2 岁生日了，前段时间她总喜欢说"不"，这段时间老爱说"我的，我的"。一天，妈妈戴上了这个小女孩的发夹，她看见了赶紧跑过去，指着妈妈头上的发夹说："是宝宝的。"妈妈对她说："借给妈妈戴一戴，等会儿还给你，还是宝宝的。"于是，这个小女孩就开心地让妈妈戴上自己的发夹。不过也不是每次都这么顺利，小女孩经常不让家人动她的东西，连妈妈也不行。

充分地理解自我意识的发展进程，有助于家长理解孩子情绪的变化，这是接纳孩子、帮助孩子的必要前提。

父母随笔

第4章

在世界的大门外徘徊

——1 岁孩子的社会性发展

1 岁的孩子，其社会性发展的主要任务是延续 0 岁时的依恋关系的建立。虽然此时的他们能走能跑，但其社交范围主要还局限于主要照料者的圈子中。他们的同伴关系还处于萌芽阶段，与同伴还谈不上真正意义的“交往”。虽然身体已经奔跑在世界上，但他们的心灵还徘徊于家门口——他们好奇地张望着世界。

妈妈的“小尾巴”

1 岁是建立安全型依恋的关键期

1 岁是孩子与主要照料者之间真正建立依恋关系的关键年龄。稳固亲子尤其是母子之间的信赖感，是教养 1 岁孩子的先决条件。父母是孩子的安全基地，有助于孩子以十足的信心挑战各种事物。建立了安全型依恋的孩子，一旦碰到任何害怕不安的事情，就会立刻跑向安全基地——主要照料者——寻求安慰。到 1 岁半左右，建立了安全型依恋的孩子愿意带着亲密感去接近对自己持有善意的人，即使这个人不是家人，例如经常来往的邻居奶奶等其他人。

依恋的类型

依据不同的分类标准，不同的研究者将依恋划分为不同的类型。美国心理学家安斯沃斯（M. Ainsworth）设计了一种使用广泛的陌生情境技术来研究婴幼儿的依恋发展，并根据研究结果将依恋分为不同类型（具体见表5），这是目前较为常用的划分类型。

表3： 依恋类型

类型	表现	占比
安全型依恋	● 把母亲作为“安全基地”去探索外界。母亲在场时，主动去探究；母亲离开时，产生分离焦虑，探究活动明显减少。忧伤时易被陌生人安慰，但母亲的安慰更有效。母亲返回时，积极地表达依恋并主动寻求安慰，通过与母亲的接触能很快平静下来，然后继续探究和游戏	65%
回避型依恋	○ 母亲是否在场对其探究行为没有影响。母亲离开时，孩子不表现出明显的分离焦虑；母亲返回时，也不主动寻求接触；母亲接近时反而回避母亲的亲密行为。忧伤时，陌生人的安慰效果与母亲差不多，不表现出明显的陌生焦虑	20%

（续）

类型	表现	占比
抗拒型依恋	◎难以主动地探究周围环境且探究活动很少，表现出明显的陌生焦虑。母亲离开时相当忧伤，但重逢时又难以被安慰。儿童抗拒母亲的安慰和接触，表现出一种愤怒的矛盾心理，对母亲缺乏信心，不把母亲当作“安全基地”。母亲返回时，他们拒绝去探究，仍表现出明显的焦虑不安	10%
组织混乱 / 方向混乱型依恋	◎这种类型是混合了抗拒型和回避型的两种模式。他们在陌生环境中极度压抑，对于接近还是回避母亲会犹豫不决。当母亲回来时，他们有时会不知所措，有时会突然跑掉	5%

孩子寻求依恋的表现

1 岁半的孩子对母亲或者主要照料者的依恋主要表现在，与之亲近并频繁提出各种要求。诸如请求帮助、交流、表达感情或寻求赞扬。当疲劳或身体不适时，孩子会对主要依恋者更加依恋，渴望得到陪伴。

孩子迟早要离开父母的怀抱，迈入社会。但对 1 岁的孩子来说，亲子分离是指在父母给予孩子十足的安全感的基础上，可以安心地暂时离开父母一会儿。

Tips

孩子在1岁时与主要照料者建立的依恋类型，对其后期人际模式会产生非常大的影响。安全型依恋的孩子长大后，通常其心理健康水平要比其他类型的孩子高。

如果孩子难以和父母以外的人相处，则属于亲子分离不安的状态。不过在这个问题上也存在着巨大的个体差异，因此，我们不能看到孩子很黏父母，就将其看作问题儿童。因为孩子可能真的是离不开父母，此时，父母只需耐心等待。千万不要强迫孩子与父母分离，否则可能会给孩子造成更严重的不良影响。

另外，做家长的还要考虑，孩子离不开父母，无论如何都要父母尤其是母亲抱着，是否是因为父母不经常和孩子在一起所致。孩子对母亲的信赖感不够稳固，害怕母亲离开自己，所以孩子只能黏住母亲不放。如果是这种情况，父母尤其是母亲就要充分满足孩子的这种依赖感，如果有必要，可以多陪伴孩子，慢慢建立起牢固的亲子依恋。

对同伴并不渴望

把同龄人当“玩具”

妈妈带着16个月大的小高兴去广场找19个月大的贝贝玩。开始两人互不理睬，各玩各的，后来贝贝对高兴手中的玩具产生了兴趣，不但抢走了高兴的玩具，还用玩具打了高兴的头。小高兴哇哇大哭，高兴的妈妈很不开心，贝贝的妈妈则赔礼道歉，两位家长好不尴尬。

很多父母喜欢带着 1 岁多的孩子去找同伴玩，觉得孩子没有小朋友一起玩耍，孩子太孤单、太可怜了。其实，这个阶段的孩子自己并不这么认为。虽然从 1 岁开始，孩子逐渐萌发出社会交往的意识，但“朋友”的概念离 1 岁的孩子还有点儿遥远——仅仅停留在见了面以后，看心情打个招呼的状态，不见面也绝对不会想念。

此阶段的大部分孩子已经具备了独自玩耍的能力，只要家人在旁边，即使不陪着玩耍孩子也不会哭闹了；但他们此时的社交对象主要集中于母亲或主要照料者身上，并不渴望同伴的陪伴。

关注和模仿同伴

妈妈带着 16 个月大的肯肯去 18 个月大的特特家做客。特特看到家里来了客人，非常兴奋，不停地尖叫，谁也阻止不了。肯肯当时就被这场景吓得哇哇大哭。原本美好的聚会以肯肯的妈妈带着肯肯“逃离”的方式匆匆收场。

1 岁后的孩子和同伴一起玩耍时，所表现出来的行为和态度可能并不十分友好。例如，他们会互相推搡、打闹。强壮的孩子也并不懂得谦让弱小的孩子，所以这个年龄段的同伴们聚集在一起，结果可能并不是十分愉快的。

不过尽管如此，1 岁的孩子还是会高度关注同伴，并且通过观察，频繁地模仿同伴行为。他们模仿同伴的频次要高于模仿成人。在与同伴做游戏时，他们会重复对方说的话，这算是仅有的语言交流，其实这种交流称为模仿更为恰当。例如，1 岁左右的孩子看动画片时，会对动画片中的同龄人物格外关注，并且对这个人物行为的模仿也明显多于其他人物。

第二部分

做智慧的“1岁”父母

世界上有一种工作，要求极高，需要工作者一年365天、每天24小时不休息；需要身兼数职；需要掌握诸如医学、烹饪学、心理学、教育学等大百科知识；需要时刻关注工作对象的一举一动，还要有适应混乱环境的能力以及超强的抗压能力……并且，没有任何薪水。

是的，这就是1岁孩子的父母！在这种高强度、大责任的工作压力下，他们还要不停地检查自己做得是否正确，不停地学习和补充各种育儿的理念、知识和技能，并且不断地生发出各种担忧和焦虑。

在这一部分，我们真诚地倡议更多的爸爸们也加入到抚养孩子的行动中来。我们将为“1岁”父母们介绍和提供那些经过实践检验的教育家们有关养育1岁孩子的真知灼见：从原则到方法，从争论到判断，从现象到本质，减少“1岁”父母的焦虑，帮助“1岁”父母逐步成长，做智慧的父母。

第1章 好父母不是天生的

好父母不是天生的，从你成为父母的那一刻起，你就开始了学习如何做一位好父亲（母亲）的旅程。学做1岁孩子的智慧父母，首先要拥有良好的心态，书本上的知识和他人的经验固然要吸收，但更重要的是了解自己的孩子，你的教养行为要适合自己的孩子。有时，“尽信书则不如无书”。

在新起点上，加油

当光阴的脚步又迈过了四季的一个轮回，距离你真正成为父母的那一刻已过去了12个月。经过一年的崭新体验和纷沓而至的数不清的感受，你都收获了什么呢？

在成为父母之前，你所拥有的育儿方法不管是听老一辈口口相传的“传统秘笈”，还是书本上专家建议的“金科玉律”，都是未经你亲自检验的。对你来说，它们是书面的、琐碎的和不系统的。正所谓“纸上得来终觉浅，绝知此事要躬行”。经过了一年的实践，你应该可以把这些琐碎杂乱的知识在头脑中梳理为更加系统和连贯的体系，并真正知道了哪些育儿知识是科学的货真价实的“真理”，哪些育儿法是望文生义或以讹传讹的“伪科学”。

家有父母初长成

毫无疑问，12个月的历练为你打开了一扇新的窗口，关于养育孩子、自我成长以及对世界的理解，你一定都看到了不一样的风景。

但此时你最多的感慨恐怕不是展望未来的风景，而是回忆过去。那个小小的婴儿已经初长成1岁孩童，如同哲学家所说，“人不能两次踏入同一条河流”，他刚出生时哭泣的声音、未长牙时的微笑模样、稚嫩笨拙的动作以及一切的一切，你将不再复得，只能连同你养育他时的快乐、悲伤、焦虑、欣慰等一并留存在回忆中。

那是怎样的日日夜夜！

1个月时，你初为人母的荣耀感让你爱他甚于爱自己，对幼小生命的责任感让你警惕如狼，夜夜不得安眠。2个月时，为了孩子能长得强壮，你成为坚定的母乳拥护者，猪蹄红枣顿顿补，不惜毁掉身材。3个月时，你因孩子的一个翻身、一次抬头而喜笑颜开。4个月时，你为孩子的两颗初生的乳牙而欣喜若狂，并开始学习各种辅食制作。5个月时，孩子开始对自己的双手着迷，每日举着小手又看又啃，那可爱的样子让你为其着迷。6个月时，刚能坐的孩子傲骄得像个“国王”，你则是“国王”最恭顺的臣民。7个月时，孩子努力地匍匐，想通过自己的力量从仰卧到俯卧再到坐起，你仔细观察他艰难的动作，帮助他突破从俯卧到坐立的瓶颈。8个月时，爬来爬去的孩子忙着探索世界，你则忙着消除他的世界中所有的安全隐患。9个月时，孩子第一次发烧，双颊绯红，而你第一次心急如焚，双眼通红，甚至情急落泪。10个月时，孩子可以扶着沙发或床头走来走去，你则为他每天的勤奋练习赞叹不已。11个月时，孩子两条胖乎乎的小腿结实有力，甚至可以不借助任何支撑，独自走上一两步，你仿佛看到了未来的他踏上自己的人生路。12个月时，戴着生日王冠，端坐在餐椅上的孩子笑得天真无邪，你将这珍贵的瞬间定格在照相机中。

迎接新的起点

一年的修炼，说长也长，至少365个昼夜轮回；说短也短，仅仅是为人父母的一个开始。也许你已经从一无所知的新手成长为自信满满的育儿高手，觉得自己超级能干，对育儿问题的了解直逼专家水准；也许你被辛苦和疲劳折磨得疲惫不堪，觉得自己难以应对太多的复杂局面，一面悔恨着某些方面做得还不好，以至于错过了一些重要的事情，一面期盼着孩子早日长大，让自己早日解放；也许你既不觉得自己很厉害，也不觉得疲惫，最大的感叹和收获竟然是一边努力学习，一边越发惊觉自己对孩子如此无知……总之，不管你是怎样的，还请放松心情，迎接新的起点，做好成为“1岁”父母的准备。

那么接下来的一年，孩子会是怎样呢？我们已经在本书的第一部分详细描述和介绍过了。而你将踏上怎样的育儿旅程？前路漫漫，毫无疑问，你还需要继续上下求索。在求索的过程中，会有哪些坎坷、哪些困难和哪些挑战在等着你，你该用什么武器、什么招式才能卫冕成功，我们将在这一部分展开详细讨论。

“1岁”父母的主要任务

1岁孩子的父母，在漫长的“父母大学”中可以说仍然是新生，虽然有了过去一年的经验，但面对“新一年”的考验，说起来这些经验还真有些微不足道。“新学年”这么恐怖吗？是的！这是重要的一年，打起十二分精神来吧。

爸爸妈妈们，首先有三个问题要你回答：第一，你是一个能够细心体察别人情绪的人吗？第二，你的忍耐力堪比马拉松选手吗？对孩子的“无聊”行为的忍耐，你能做到什么程度？第三，你是一个生活有规律的人吗？例如，早上是否吃早餐，晚上是否经常熬夜？

这些问题的答案和新的一年对你的挑战息息相关，看看 1 岁孩子的父母有哪些任务吧。

任务一：抓住依恋期，建立安全感

1 ～ 2 岁是建立安全感的重要时期，这个时期建立起来的安全感将影响孩子的一生。如果这个时期的孩子所需要的任何帮助和关注都能得到积极回应，不断确认“我是可爱的”，就会建立起“爸爸、妈妈最爱我，这个世界也爱我”的观念，那么相应地孩子也会产生“我也可以爱别人，我爱这个美好的世界”等回报爱的观念。

Tips

这种对自己和对世界的接纳在孩子未来的成长过程中将起到至关重要的作用，而这其中最关键的两点是：1. 拥有一个稳定的看护人，以及相对稳定而安全的生活环境；2. 获得看护人及时的关爱和积极的回应。

频繁变换环境和看护人是影响孩子建立安全感的大忌。现在很多父母因为工作繁忙，需要老人帮忙照看孩子，又因为怕长期照看导致老人身体过度劳累，因此出现三家共同带孩子的情况，周一到周五在爷爷奶奶家，周六日回到父母家，下一周的周一到周五再到外公外婆家，周六日再回父母家。这种情况看似很完美地解决了老人想念孩子又不能太累、父母工作日照看不了孩子的问题，但其实对孩子来讲却不是一个美好的选择。三个家庭的室内环境、室外环境，以及三家人的生活习惯要求必然存在巨大而繁多的差异，孩子会因这些差异而无所适从，烦躁不安。不明所以的大人认为小孩慢慢习惯就好了，却不知道孩子在这种适应过程中要付出怎样的代价。

心理学研究表明，内心缺乏安全感会导致孩子有很强的攻击性行为。曾有心理学家对一群生活在寄宿学校的一年级小学生进行观察，发现其中一个常和同学打架、争斗，甚至辱骂老师的孩子，对老师和同学都极度不信任，总是害怕别人会偷袭他，甚至上课时会在头上套一个塑料袋子。心理学家推测，这种状况除了受先天气质的影响外，家庭教育肯定也有一部分责任。果然，心理学家对该生深入了解后得知，因为妈妈过于追求完美，孩子2岁前曾经更换过六个保姆。走马灯一样更换保姆显然严重影响了孩子的安全感的建立。

另外，及时获得看护人的积极回应也是至关重要的。有些年轻的妈妈知道孩子最好由妈妈带的道理后深感责任重大，因此辞掉工作专门在家照顾孩子，这样的牺牲是值得称赞的。可是在陪伴孩子的时候，她们总是忙于自己的事情，看电视、看小说、玩游戏、玩手机、做家务、和朋友煲电话粥等，只有孩子呼唤妈妈，甚至着急地抢过妈妈的手机扔在一边时，这些妈妈才会问一句“孩子怎么啦，孩子要干什么”，这样敷衍、冷漠的陪伴让孩子对父母和他人失去期待，同时对自身也缺乏信心，会让他们内心隐隐认为“自己是不可爱的，妈妈不关注我”，这样的陪伴就太糟糕了——反倒还不如把孩子交给有更多耐心的祖辈来照看。

积极的回应不仅包括悉心照料孩子的起居，陪伴孩子游戏、玩耍，更在于及时察觉孩子的情绪变化，当父母发现孩子有不安、恐惧、伤心、痛苦、害羞、嫉妒等不良情绪时，要及时给予安慰、保护、疏导，保护孩子敏感的自尊心和脆弱的情感。这种发现甚至比照顾孩子的吃喝拉撒睡更为重要。

Tips

面对1～2岁的孩子，父母最主要的任务就是积极回应孩子的呼唤，抓住依恋期，帮助孩子建立一生的安全感。

任务二：鼓励孩子用身体感知客观世界

在本书的第一部分，我们已经了解到，这个时期的孩子最大的特点是用身体感知客观世界，通过动作感知自身，通过动作识别外界，这是1岁孩子学习和成长的重要方式。因此，父母的任务就是给予探索中的孩子精神上的鼓励和物质条件上的支持。

对于孩子喜欢漫无目的地到处闲逛，这里看一看，那里摸一摸，甚至要舔一舔、尝一尝，待在每个地方可能都不超过3秒钟，却会反反复复、来来回回探究个没完没了的“无聊”行为，做父母的一定不要烦，不要过多干涉，更不要阻止。

这是孩子心灵发展最快的一年。去年，他还是只会分辨好的事情和不好的事情的小婴儿——如吃奶和妈妈的微笑是好的，饥饿和吵闹的噪音是不好的。今年，他就可以在四处“闲逛”中将收集到的信息组织起来，拥有自己的想法，并试着去理解一件事情的来龙去脉、因果关系了。这些能力的发展必须依靠一次又一次“无聊”的学习积累而成。所以请爸爸妈妈们一定要像爱迪生容忍自己的上千次失败一样去容忍孩子的重复行为，再像赞美爱迪生的发明创造一样去赞美孩子的技能获得吧。

如同科学家要搞发明创造需要资金和物质支持、大明星演出需要服装和道具的赞助一样，小孩子发现世界也同样需要必不可少的物质条件的支持。不过孩子其实不需要你投入太多的金钱和物质，高档玩具对他们来说可能还不如水、沙子、泥巴以及家里的瓶瓶罐罐、锅碗瓢盆、拖把笤帚。翻抽屉、拽被子，这些都不是什么大不了的破坏，反而是孩子在探索动作与结果的关系，是其思维发展的原始萌芽。如果孩子要在爸爸妈妈的身上爬上爬下，触摸你们的头发、鼻子、眼睛、耳朵，也请不要阻止，因为父母们无疑是他最好的玩具之一。

任务三：培养孩子良好的生活习惯

规律的生活习惯不仅是孩子健康成长的需要，更是给孩子安全感的必要条件，比如上文提到的环境问题。尽管大部分孩子都会在一个稳定的环境下长大，但是偶尔短期内更换环境的事情还是时有发生的，比如跟随父母长途旅行，或是去亲朋好友家拜访等。如果父母能够尽量让孩子保持既有的生活习惯，就可以减轻孩子对新环境的不适症状，消除烦躁不安。比如孩子平时有习惯用的小枕头、小被子，睡前有听固定音乐或故事的习惯等，父母就可以把孩子生活必需的物品随身携带，这样虽然“大环境”变了，小环境还能保持一定的一贯性。

除了对适应环境的帮助之外，保持良好的生活习惯、遵循固定的生活节奏，也会为孩子生长发育和学习做事方面带来巨大的帮助。比如晚上定点睡觉，一日定时三餐，定时刷牙、洗澡、上厕所，这些可以保证孩子获得充足的睡眠、充足的营养，大大利于身体健康。

Tips

在培养孩子生活习惯的同时，势必要帮助孩子学习关于空间、时间与事情的发生顺序等知识，锻炼孩子独立做事的能力。

关于吃，在对1岁孩子吃饭习惯的培养上，父母首先要尊重孩子对食物的选择，承认每个孩子的胃容量的差异，遵循全面、均衡、多样、新鲜、美味的原则提供饮食，并做出良好的进餐表率。针对1岁孩子的身体发展需要，应顺应孩子的合理要求，鼓励其练习使用勺子和筷子。

关于睡，保证睡眠时间和睡眠质量有助于孩子大脑的发育和身体的生长，因此睡眠问题格外重要。1岁的孩子仍然需要夜晚10个小时以上、白天一次或两次总共三四个小时的睡眠。1岁的孩子晚上最好在9点之前入睡。每日的睡前故事或睡前活动既是保证安睡的最佳帮助，也是增加亲子关系的有效手段。

关于卫生习惯，1岁的孩子需要学习的是洗脸、洗手、刷牙、洗澡、穿衣服和上厕所。这些习惯的培养重点不是要孩子一定会自己做——毕竟还有点小的他们不太可能自己做到，关键是要他们有定时去做的习惯和不变的顺序。比如每天按时刷牙和每天拉一次臭臭的习惯，对孩子的健康大有裨益。

有的父母不喜欢刻板的生活规律，认为生活需要自由和随意，更认为1岁的孩子年龄太小，对他们来说没有必要这么早就训练生活习惯。但其实如果这些父母能真正感受到规律生活带来的好处，就一定会支持培养生活习惯的做法，因为1岁的孩子对保持秩序的要求比大人更加强烈、更加严格，这种到了2岁会发展为更严重的近乎完美主义的秩序要求，如果父母过于随意，小孩又极其固执，那亲子间的矛盾一定会让父母抓狂的。因此在孩子1岁时就培养有序的生活规律是十分必要的。

了解了“1岁”父母的任务，想必你也该知道自己要成为什么样的父母了——细心的情感守护者、耐心的探索护航者、规律生活的制定和修行者。这样一看，做父母真是不容易。确实，育人先育己，这正是教育最严苛的责任之所在，不过，与孩子一同成长，不也正是教育最具魅力的地方吗？

做1岁孩子的“专业父母”

没有天生就能做好父母的人，尤其因为历史原因，“50后”的一代人大多数不仅没有受过完整的学校教育，甚至在动荡的年代还吸收了一些错误的、扭曲的家庭观、教育观；“60 后”一代人因为刚恢复高考而忙于自己的学业，又为了工作而奉献了自己的家庭时间，导致他们的孩子，也就是“80 后”和“90 后”，在自己的原生家庭中可能都没能学习到太多真正做父母应该会的本领，甚至对做父母应坚守的原则都一无所知，所以要当好“专业父母”实在是一件艰难的事。不过好在今天是个资讯发达、全社会倡导重视家庭教育的时代，现在学习还不晚，只要拿出一点好学的精神和虚心的态度，了解一下做 1 岁孩子的父母要坚守哪些原则，一切就还来得及。

原则一：视孩子为独立个体

“孩子是我们生命的延续，是一个家庭的希望，是我们的全部。”每当我们听到这句饱含着深情的告白时，往往情绪会被调动，为父母子女之爱而动容。但你是否想过，这句告白实际上根本就是一厢情愿的呢？

从遗传上来讲，孩子继承了父母 98% 以上的基因，似乎是相当于父母的生命以另外一种形式存在于世上。可是这 98% 的基因创造的生命体是父母的复制品吗？显然不是。他是一个崭新的生命，他将拥有自己的性格、自己的思想，他将走一条完全不同的人生之路。你的肉体虽与他相像，却不能因他而获得重生；你的精神也许会被他继承一部分，但也可能完全被他否定和抛弃。所以，你是你，他是他，他不是你生命的延续，更不是属于你、为你工作的一部分，他就是他自己，一个崭新的、独立的生命。

将孩子视为自己的附属物的情况在1岁孩子的父母中尤为普遍，因为1岁孩子的行动力、思考力、生存力都极为有限，需要父母寸步不离、事无巨细地悉心照料。在这个照料过程中，父母往往不会征求孩子的意见，就直接为其做决定，而孩子因语言能力刚刚起步很难表达反对，更容易让父母产生一种“孩子是我的一部分”的幻觉。但实际上1岁的孩子也是有自己的要求的，他们虽然需要父母寸步不离，但同时又希望有自己的空间；他们需要父母提供各种帮助，但又希望能自己独立做事；他们做对了事情时，希望得到父母的赞美，却不希望父母在他人面前炫耀式地命令自己表演；他们做错了事情时，愿意接受父母的纠正，却不希望被父母在他人面前斥责和抱怨……虽然只有1岁，但他们对尊严的要求并不低于成人。

Tips

为人父母，对待孩子，应因视其为独立个体而尊重，因尊重而懂得，因懂得而无条件接纳。

如果再有人问你“你的孩子是谁的？”请不要再理所当然地回答“我的孩子当然是我的”或“谁生的就是谁的”“谁养的就是谁的”这些话。孩子不是我们可以支配的产品，也不是我们任意展示、炫耀的作品，更不是我们随心所欲的一部分。蒙台梭利很早就说过：“每个孩子都是有别于成人的独立个体，需要成人帮助他们独立生活。”这并不是说孩子在能独立生活之前是附属于我们的，而是在说从他生下来那天起，他就是个独立的个体，他有和成年人一样丰富的情感世界，有比成年人还要敏感强烈的自尊心，有和你一样想获得尊重和平等对待的渴望。

黎巴嫩哲学家卡里尔·纪伯伦在他的广为流传的名诗《论孩子》中写道：

你们是弓，你们的孩子是从弦上发出的生命的箭矢。那射者在无穷之间看定了目标，也用神力将你们引满，使他的箭矢迅速而遥远地射了出来。让你们在射者手中的弯曲成为喜乐吧。

这首极富哲理、让人百读不厌的诗可以让我们重新思考生命的真谛，思考孩子与父母的真正关系。父母是静止的弓，孩子是最终要飞出去的箭，弓对箭的爱应是离别的爱，而非占有的爱。

原则二：与 1 岁孩子相处，当以顺从为主

以自我为中心，不在乎别人；只喜欢和比自己强的人沟通，把弱者当玩具；爱唱反调；对大部分人很冷漠；极其固执己见；不达目的不罢休……这不只可能是你的上司，还可能是你的 1 岁孩子。所以我们在讨论与 1 岁孩子相处的原则时，也请参考你与上司相处的原则：在不影响大局的情况下，请以顺从为主。一些无关紧要、无伤大雅的情况

下，无需违拗他的意愿。

在第一部分我们已经详细阐述了1岁孩子的发展特点：有强烈的好奇心，喜欢漫无目的地游荡；能够简单交流，能够表达自己的一些意愿和要求；对细节的记忆力很强，进入秩序敏感期；自我意识萌发，开始有自己的主意，爱唱反调，并进入执拗期；害怕陌生人和陌生环境；对家人有很强的依恋感；身体平衡能力和手眼协调能力大大发展，喜欢尝试独立做事和解决问题。

为什么说对1岁的孩子要顺从，而对0岁的孩子和2岁的孩子不是如此呢?

Tips

当然，对1岁孩子的顺从，不是毫无原则的百依百顺，而是有技巧、有方法的顺从。

我们知道，0岁孩子的自我意识还没有萌发，对父母的要求大部分是言听计从的，因此双方很容易达成共识，只要父母给予足够的关爱，亲子间就能和谐、愉快地相处。2岁的孩子无论是身体还是智力，都已经得到迅猛的发展，有强烈的自我意识，并具有独立做事的能力，已经进入培养生活习惯、思维习惯的重要阶段，父母必须在这个阶段给予规范和引导，如果没有制定好规矩并严格执行，则会为未来的生活埋下诸如生活无规律、思维无逻辑等隐患。而1岁孩子的发展正处于两者之间，是从蒙昧混沌步入井然有序的过程中，是摸索、了解和适应的阶段。

1岁的孩子刚懂得用自己的身体去了解世界，试探外界的规则，最需要的是世界对他的欢迎和接纳，而不是粗暴的压制和冷漠的拒绝。父母采取顺从态度，满足孩子的一切需要，才能让孩子信任这个世界是友好的、可亲可爱的，因而更放心、更大胆地走近世界、了解世界并适应世界。请注意，这里说的满足孩子的一切需要，是指精神上和情感上的需要，比如陪他吃喝拉撒、做游戏，鼓励他进行一切他渴望的探险和尝试，让他可以一直“粘”着你，尽可能多地把你的时间奉献给他。至于物质上的需求，1岁的孩子其实并不需要太多，除了必要的吃穿，他们甚至都不需要太多的玩具，因为爱他的你就是他最好的玩伴和玩具。

原则三：大胆放手，给孩子自由

肯肯和豪哥经常一起玩，豪哥比肯肯大了不到两个月，可是攀爬、蹦跳的能力强了好多。每次去豪哥家玩，都能看到豪哥爸爸陪着儿子一起玩。父子俩在沙发上不停地爬上爬下，甚至从沙发上跳到地上。有一次肯肯妈妈看到豪哥跳下来没站稳眼看要摔倒，吓得她和豪哥妈妈一起尖叫，可豪哥一个趔趄，做了个近似侧手翻的动作减缓了下冲的势头坐在地上。豪哥爸爸淡定地说：“站起来，爬上来！”豪哥兴奋地尖叫着又攀上了沙发靠背。到底还是做爸爸的胆子大，妈妈们还是有些放不开。

嘟嘟和肯肯生日同一天，体重也一样，在手部能力的发展上稍稍比肯肯早一些。在他们8个月大时，天气转凉，见面次数变少，肯肯就一直没在广场上见过嘟嘟。春天时两个孩子又见面了，肯肯已经可以独立行走，穿成小棉球一样的嘟嘟却仍然不能站起来。原来嘟嘟妈有爱看韩剧的习惯，一看起来就没完，于是对她来说，孩子当然是放在婴儿车里比在地上爬更省心了。平常嘟嘟妈带嘟嘟出门也基本都是让嘟嘟坐在车里，再不然就是放进背袋里或坐在腰凳上，这样嘟嘟根本得不到爬和站的机会。嘟嘟妈看到嘟嘟发展落后很着急，开始每天训练嘟嘟站立和行走，又过了一段时间，嘟嘟终于也能独自走几步了，嘟嘟妈这才放下心来。

1岁的孩子好奇心十足又精力旺盛，不仅喜欢到处爬，更喜欢往高处爬，他们根本不在乎自己还不能走稳，就勇敢地去征服所有他们够得到的高度了。攀爬，是每个孩子的天性，是他们探索世界的手段，也是展示能力、进一步发现自己身体的途径。当然，有的孩子更热衷于钻洞、钻桌子，去每一个他能进去的空间一探究竟。父母要做的就是保护他们的安全，并给予鼓励和支持，告诉他要怎样去做、要注意什么、可以做什么、不可以做什么就好了。如果认为最安全的方式就是尽量不让孩子去做这些危险动作，那孩子在成长上吃的亏可能要比摔跤、碰头吃的亏大得多。

给孩子自由，让他去做想做的事，不仅是体能发展的需要，对思维的锻炼也是必要的。1岁孩子的身体和思维是一体的，给予他们身体自由也就是给予了他们思维自由，比如攀爬其实就是早期创造力的自发表现。其实，很多危险都是大人觉得危险——这就和“有一种冷是你妈觉得你冷”是一个道理。孩子对自己身体的掌控和对危险的感知没有我们想象得那么弱。相反，孩子天生就有很强的自我保护意识，在攀爬和跑跳中，他们能够正确判断自己的能力，只有他们认为这种高度或难度在自己的可达范围之内，他们才会小心翼翼、聚精会神地做出动作。一旦完成动作，他们的运动能力获得了巩固，判断力和专注力获得提升，同时心理承受能力也突破了原有的范围。然后，他们就可以开始进军更具挑战性的探索行为了。

原则四：游戏化教养——妈妈轻松，孩子听话

游戏化教养就是陪孩子做游戏吗？不是。做游戏与游戏化教养是两个完全不同的概念。简单来说，做游戏，大多是以孩子的能力或情感发展为目标的活动；游戏化教养，则是以优化教养手段为目的的一种教育技巧。下面举两个例子来说明。

案例一：

妈妈问：“老板，你好，你的土豆多少钱一斤？”孩子说：“一元。”妈妈假装给钱，说：“好，给我一斤土豆，给你钱，一元。”孩子假装给妈妈土豆，说：“好，给你。”妈妈又问：“苹果多少钱一斤？”孩子说：“两元。”妈妈又假装给钱，说：“好，给我一斤苹果，给你钱，两元。”孩子假装给妈妈苹果，说：“好，给你。”

这就是做游戏，妈妈的目的也许是希望孩子熟悉基础的数字，也许是希望孩子体验买卖的过程，也可能只是为了陪孩子玩，消磨时间。

案例二：

妈妈说："宝贝，我们去楼下玩吧。"孩子说："好！"马上就往外走。妈妈说："先穿上衣服和裤子，才能去楼下玩呀！"孩子马上逃开，说："不要！"妈妈一边抓住孩子，一边说："不穿衣服不可以出门，必须要穿衣服！"孩子挣扎着扭动着身体，哭喊："不要不要不要！"妈妈吓唬说："警察叔叔会生气，把不穿衣服的小孩抓起来！"孩子挣扎得更加剧烈，大哭起来："不要！"

这样的场景我们是不是太熟悉了呢？很多一两岁的孩子仿佛跟衣服有仇，特别讨厌穿衣服，每天家长给他们穿衣服都像打一场仗一样艰难。如果妈妈改变一下思路，以游戏的方式引导会怎样呢？

妈妈拿着衣服，问："谁是托马斯小火车？托马斯小火车在哪里？请托马斯小火车钻山洞。"孩子："在这里！"妈妈指着套头衫的洞说："好。请托马斯小火车钻这个山洞！"说着很快把衣服套在孩子的头上："很好！托马斯成功地完成了任务。"然后拿着衣袖说："下面请托马斯小火车钻隧道！"孩子笑着举起胳膊伸过去。"哎呀，隧道好长呀，托马斯钻呀钻终于钻出来！"孩子哈哈笑。"啊，还有一条隧道，请托马斯小火车再钻一次。"说着把孩子的另一条胳膊也塞了进去。就这样，两个人嘻嘻哈哈地把衣服和裤子都穿上了。

这就是游戏化教养。英国教育家洛克说过：“教育儿童的主要技巧是把儿童应做的事都变成一种游戏。”这句话可以说是对游戏化教养的最好诠释。

对还不能讲太多道理的1岁孩子而言，父母可以把教育、养育、日常生活都以游戏的形态呈现出来，让孩子无论是接受知识、道理，还是进行日常活动，都处于游戏中或角色中。

一般父母们都喜欢利用各种游戏和玩具来帮助孩子掌握知识、获得技能、推动孩子能力的发展，不过在自己的日常教育和养育中擅长使用游戏化手段的父母还比较少，因为游戏化听起来简单，说起来容易，可真正实施起来，却很难。

Tips

把孩子不喜欢的、不感兴趣的、害怕的事情变成可接受的、期待的、有趣的事情，会让父母的教养活动变得更容易实施。

首先，多数家长缺乏游戏化教养的意识。往往是用常规手段碰壁多次后，才发觉需要转换思路。但是下次遇到其他问题的时候，还是不能一开始就用游戏化的手段。这是思维习惯的转变问题，需要一定的时间。

其次，游戏化教养需要家长开动脑筋，运用智慧。这其中包含着一个人丰富的生活经验、幽默的生活态度，所以说要改变孩子，先要改变自己。

放轻松，你就是最棒的父母

预防“养育焦虑症”

“育儿”先“育己”，这是现在很多父母都已经接受的家教理念，因此这些可爱可敬的父母们经常会阅读各种家庭教育类书籍、参加各种育儿专家或心理学家的讲座、陪孩子在家做游戏、陪孩子去学校参加活动、与孩子共度每一分能共度的时光……随着学习和陪伴而来的是什么呢？对孩子了解增多了、先进的育儿理念知晓了、实用的亲子技巧掌握了，这些都是很好的，但还有一种不好的东西也随之而来，并且越来越多、越来越严重，压得父母们喘不过气、睡不好觉，那就是焦虑。

“养育焦虑症”成为一种新的“职业病”，越来越广泛地发生在父母群体中。2015 年，全国妇联儿童工作部曾发布全国家庭教育现状调查的主要结果和核心数据。调查显示，多数父母存在不同程度的养育焦虑。此次调查以中小学生的父母为主要调查对象，调查范围覆盖北京、天津等 28 个省区市的 93 个市县。由此可见，这种焦虑已经不是个别家庭、个别父母的问题，而是一种普遍的社会现象。尤其，越是对家庭教育重视度高的父母，焦虑感越严重。

其实，不仅是中小学生的父母焦虑，低龄儿童的父母也都很焦虑。中小学生的父母每天都在担心诸如“人身安全”“学习成绩不好”“没养成好的行为习惯”“心理健康”和“沉迷网络”等问题；而低龄孩子的父母焦虑的问题除了人身安全、行为习惯之外，还有更繁多、更琐碎的，诸如“穿纸尿裤是否影响孩子的成长发育”“1 岁半还不会说话是否有问题”“妈妈离开孩子超过 3 个月是否会给孩子造成终身的心理阴影”“到底要不要给孩子上早教班”“什么幼儿园更好”“上学之前是否要学习认字”等，每个看似平常的问题都可能会让父母困扰、担忧，甚至彻夜难眠。

养育焦虑症对孩子的负面影响

父母如此焦虑，对孩子可绝对不是一件好事。过度的焦虑会让父母失去对事物的正确判断，将不必要的小事夸大，从而带来更多的麻烦。一个小女孩因为感冒而住院，后来因为有点流鼻血，医生决定给她做个身体检查，可是小女孩不合作，医生努力几次也未能使小女孩安静下来，最终没能成功检查。于是小女孩的母亲非常着急，先是责怪医生，然后又坚持要带孩子去心理科做各种心理检查和气质评定，因为她担心这次不愉快的检查过程会给孩子的心理留下阴影，会影响孩子未来的生活。其实，这样的焦虑完全没有必要，一次不愉快的经历可能会给孩子带来不好的影响，但更大的可能是孩子在妈妈及时的安抚和拥

Tips

焦虑问题，远远不是我们以为的“有点着急上火”那么简单。如何放下焦虑已经成为每位家长要首先学习的功课。

抱中迅速恢复好心情。盲目地带孩子做各种心理检测，万一遇到不正规机构，得出不科学的结果，可能会给孩子带来过度矫治的问题，这样的伤害会更为严重。

父母的焦虑给孩子带来的不良影响在生活中是方方面面的——不仅会影响到孩子的自信心、行为能力和情绪，甚至会影响孩子的免疫系统。

据英国《新科学家》杂志报道，美国罗切斯特大学研究人员在3年时间内跟踪调查了169名5岁至10岁的儿童，要求父母记录孩子的患病情况和体温状态，并每半年为父母进行一次心理健康评估。研究人员发现，如果父母具有较高的“情绪压力”，即存在焦虑或抑郁问题，其子女的患病次数会明显高于其他孩子。研究人员认为，这些儿童的情绪不佳已经影响到他们的免疫系统，使他们更易受到疾病的侵害。

正确应对养育焦虑

要想远离焦虑，轻松育儿，父母们首先要认识和接纳自己的孩子，对孩子不能太着急，要给孩子时间和机会。美国女科学家芭芭拉·麦克林托克在81岁时获得诺贝尔生理学和医学奖，她在领奖台上说：“我是一朵秋天的雏菊，我相信，不是每一朵花都在春天开放。”也许你的孩子也不是春天盛开的花朵，而是一颗秋季才能长成的甜美的果实，抑或许他是一棵既不会开花也不会结果但日后能遮阴避凉的参天大树。记住，孩子是有自己天生的成长密码的，他自有独特的面貌，不要用花的美丽去要求一颗果实，也不要用一棵树的高大去要求一朵小花。

其次，做父母的你，请接纳自己的不完美。你和你的孩子一样，是这个世界上独一无二的个体。你的个性、气质、能力注定都和其他人不一样，无论是高还是低，都要喜欢自己、爱自己、相信自己，允许自己犯错误才能让自己变得更好。尤其是在情绪管理上，多多地赞美和鼓励自己，毕竟你从一个一无所知的新手父母成长为一个虚心好学的“1 岁”父母，已经是一种进步。请这样告诉自己：“我有很多缺点，但我正在努力学习，正在让自己变得更好，正在学习如何正确地爱孩子，我就是这样的一个妈妈（爸爸），虽然不完美，但快乐又自信。”当你以一种愉悦、饱满的精神状态面对情绪觉察力一流的 1 岁孩子时，他会更爱你，并跟随你一起愉悦成长。

最后，面对孩子的“不良”表现，请不要表现得忧心忡忡，更要避免和其他人讨论关于孩子的“发展问题”，无论是旁若无人地讨论，还是神神秘秘地讨论，都不要。孩子和每个成年人一样能够感受到你的焦虑、你的担忧，尤其是关于他自己的，这会让他认为自己是不好的，是不被爸爸妈妈喜欢的。

父母随笔

第 2 章

帮孩子展开隐形的翅膀

对孩子的心智开发来说，敏感期犹如撬动地球的支点，找到每种心智对应的支点，就能大大加速其心智发展。1 岁的孩子将经历语言敏感期、自我意识敏感期、细节敏感期、秩序敏感期……父母的任务就是在敏感期为孩子提供相应的帮助，让孩子展开隐形的翅膀，自由翱翔。

“认真和我说话”：语言敏感期的帮助

“叮叮当，叮叮当，铃儿响叮当。叮咣咣，叮咣咣……”1 岁多的肯肯想了半天，终于编出了下句：“铃儿响大声，”说完又觉得似乎不妥，又重新编了一句：“叮叮当，叮叮当，铃儿响叮当。叮咣咣，叮咣咣……铃儿响叮咣。”这回肯肯笑了，看来第二次编的押韵的下句让他感觉很满意。

很多 1 岁孩子不仅喜欢听故事，更喜欢自己讲故事、编故事。虽然他们的故事有时还不能被称之为故事——有些短得只有一两句话，但已经显示了孩子们很棒的想

Tips

语言能力发展的关键期从1岁——也就是孩子牙牙学语时已经开始了，并将持续到6岁。

象力和语言组织能力。家长们千万不要以为这样的能力会像“三翻六坐八爬”一样到时间就自然发展出来，如果在关键期不给予孩子正确的帮助，孩子语言能力的发展将受到阻碍。

所谓关键期，又叫敏感期。很多父母都听说过孩子的成长过程中存在很多敏感期，但是对敏感期到底有多重要，也许父母们并不是很清楚，也没有给予应该的重视，这是应该警惕的。

印度女孩卡玛拉在七八岁时被发现和狼群生活在一起，所有生活习性和行为都与狼一样。后来她被带回人类社会，经过悉心的照料和教育，卡玛拉慢慢开始学习人类的语言和行为，可是直到17岁死的时候她也没能真正学会说话，智力仅达到三四岁幼儿的水平。

这个故事说明：第一，人类的语言和行为生活必须经过学习才能获得，不是自然而然就会的，第二，如果错过了关键期，即使生活在合适的环境中，接受专门教育，也可能无法真正获得语言和行为生活能力。所以“有苗不愁长，树大自然直”的思想万万不可有。

当然，我们的孩子都是一出生就在人类世界生活，在父母身边成长，在这样的环境下，学会说话自然不是问题。不过“会说话”的程度是不一样的，有的人可以当众发言，侃侃而谈，讲起故事声情并茂、绘声绘色，而有的人不敢当众发言，更不会编故事，这就是语言能力的差距。这种能力的差距主要源于关键期是否被把握住。

奇奇是一个3岁半的小男孩，现在只会说“爸爸”“妈妈”。父母本来并不着急，知道有的孩子说话早，有的孩子说话晚，尤其是男孩，在这方面可能会发育更迟缓一些。但是奇奇已经上了半年幼儿园了，班里和身边没有一个孩子说话这么晚，说一点不急是假的。奇奇的父母终于还是忍不住把孩子带到医生那里检查。医生说：“从生理上目前看不出任何问题，有可能是环境的问题。”妈妈说：“现在都上了半年的幼儿园，其他孩子都会说话，环境能有什么问题？”医生说：“如果只是从上幼儿园才开始学说话，那半年的时间还不能开口也属于正常，而他的状况主要是上幼儿园之前的环境决定的。”一听说上幼儿园之前所致，妈妈忍不住开始诉苦说：“孩子上幼儿园之前都是保姆带的，保姆特别爱打麻将，总是把孩子哄睡之后就开始打麻将。我们晚上回来得比较晚，回来就想早点睡觉，可孩子精神着呢，又哭又闹就是不睡，折腾死人！上了幼儿园才好一点。”

很明显，爱打麻将的保姆平时和孩子没有什么交流，爸爸妈妈下班回来之后又疏于对孩子语言上的交流和引导，奇奇的语言关键期就这样被错过了。对于奇奇这样的孩子来说，父母现在开始增加对其语言方面的引导，多和孩子说话，多给他讲故事、读儿歌，启发他开口说话、回答问题，即使他不说话，也不要着急，而是耐心、坚持，一段时间后，孩子通常都能学会说话。

当然，我们都不希望让孩子错过任何关键期，语言上的帮助其实在0岁就可以开始了。在孩子出生后几个月，妈妈就可以多和小婴儿聊天，给他讲自己做的日常事情，念出家里各种物品的名称，向他介绍他使用和感兴趣的物品的名称、颜色、用途，等等。孩子虽然还不能对话、不能回答，但妈妈的语言会被他记忆在头脑中，为孩子语言的学习打下基础。

而到1岁时，孩子已经开始牙牙学语，这时父母的帮助就更加关键。

Tips

孩子学语言必须要有身边的人跟他互动，只有这样，他才能通过模仿习得语言。

不要用电子产品来代替人类的声音

有一个妈妈让婆婆帮忙照看孩子，但是又不希望孩子跟婆婆学一口老家话，于是妈妈就给孩子买了一个iPad，让婆婆不要教孩子说话，也不要跟孩子说话，平时就给孩子播放儿歌、故事、动画片，让孩子跟着学就好。可事实是，动画片没少看、儿歌没少听，孩子都2岁半了，会说的话不多。

这真是大错特错了！孩子学习语言和大人学习语言不一样，必须要有身边的人跟他互动，他才能进行模仿。也许你看到有的人家就让小孩跟着电子产品学儿歌、学故事，小孩子也能学会说话，但那一定是在大人每天和孩子互动的基础上才起作用的。另外，家里电视的音量应该调得低一些，在一个相对安静的环境里，孩子才能更容易听清真实的人发出的声音。

启发孩子用语言代替哭叫

肯肯15个月时，有一天，他想要喝水，一边对妈妈伸手，一边叫“啊，啊”。妈妈知道他想喝水，但故意说：“你要干什么？告诉妈妈。”肯肯着急地指着桌上的水杯直跺脚。妈妈说：“肯肯是要喝水吗？喝水，是吗？”肯肯点点头。妈妈说：“跟妈妈说‘喝水’，妈妈就把水杯给你。‘喝水’……”当然，肯肯最终也没说“喝水”，但妈妈还是把水杯递给了肯肯。不过，在很多事情上，妈妈都明知故问，“逼”肯肯开口。果然过不了多久，肯肯就在情急中说出了“出去”“鞋”“果果”等词语。

孩子学习语言，是为了让大人知道自己的想法，达到自己吃喝拉撒、游戏玩耍的目的。如果孩子不用交流就能达到目的，自然无需学习语言，从而失去了学习的动机，学习自然会慢很多，甚至会停滞不前。所以那些和孩子心有灵犀，看到孩子眼睛一转就知道他想要什么的父母，还请装作迟钝一些，让孩子自己把要求提出来吧。

不使用婴儿语言，不重复错误童音

“妈妈，拖哇机（拖拉机）！”

“嗯，妈妈看到了，是拖拉机！”

“妈妈，黄哇（黄瓜）！”

“是的，黄瓜，吃吧！”

“妈妈，这是咬蝌蚪（小蝌蚪），这是青瓜（青蛙）！”

“对，这是小蝌蚪，这个是青蛙。”

这是肯肯最难发正确的几个音。最终，在妈妈坚持不懈的纠正下，肯肯可以正确发音了。

刚学说话的孩子说出来的话或是发音有误，或者满是叠字，又或者语调奇异，听上去超级可爱、超级萌，所以很多妈妈爸爸喜欢学孩子说话，喜欢使用和孩子一样的语言对话。这在无形中给了孩子误导，让他以为这就是对的，于是他会一直这样说。久而久之，日后父母再想要纠正，反而会给孩子造成困惑。

另外，与此问题类似，父母和孩子说话时，请使用规范、正确的语言。比如，和孩子在路上看到各种车时，就告诉孩子，那是公交车、警车、洒水车，而不是笼统地说大汽车、小汽车。厨房里的用具也教给孩子正确的名称，“这是铲子，这是炒勺”，而不是说“炒菜用的”；与人交往时，注意使用礼貌用语，例如说：“请帮助妈妈，把毛巾递给妈妈，谢谢。”

耐心聆听

16个月大时，肯肯跑过来对妈妈说：“滴滴嗒哇！”然后又跑走了，留下妈妈和姥姥一脸莫名其妙。妈妈跟着跑过去看，肯肯正在吃姥爷切的西瓜，于是恍然大悟，对肯肯说：“肯肯叫妈妈和姥姥来吃西瓜，是吗？”肯肯点点头，高兴地摇晃起来，原来他说的是“吃西瓜啦”！

姥姥和22个月大的肯肯在路上走，肯肯突然大声说：“拖哇机哇机哇机桶！”姥姥完全没听懂，四下张望，看到一辆加长的拖拉机拉着两排垃圾桶驶出了小区，连忙说：“是的，拖拉机拉着垃圾桶！”

孩子开始说的话可能大部分都是“……&*@要@%&哇”！大人们完全不知道他说的是什么。不过就算听不懂，家长也要耐心听，并且联想近期的生活、话题和周围发生的事情，猜测孩子说的是什么。不打断，不提示，表现出和他交谈的兴趣，积极回应，等于在告诉孩子：“你的话很重要。”大人的这种态度会让孩子更有自信，更乐于表达，这是对他继续学习的最大鼓舞。

在讲故事、读诗词和童谣、唱歌中互动

在20世纪80年代左右，美国曾经有一个关于不同阶层3岁孩子词汇量的调查。结果发现，中上社会阶层家庭的孩子3岁时的词汇量是1100个左右，下层家庭的孩子3岁时词汇量仅有500个左右，相差了一半还多。但是，进一步研究又发现，孩子词汇量的差别和家长对孩子说的词汇量无关，而在于家长如何回应孩子的话——家长低回应，孩

子的词汇量就少；家长高回应，孩子的词汇量就多。

所以，讲故事、读诗词、唱儿歌，这些事情虽然能让孩子更好地学习语言，但它们都不是重点，重点在于，家长与孩子的对话和互动。只有对话和互动才能让孩子更多地掌握从各个途径学习到的词汇，并熟练运用，否则那些词汇对于他们而言可能只是知道了，记住了，却不会运用。

别和孩子较劲：自我意识敏感期的帮助

Tips

3岁以前的幼儿自我意识的发展主要集中在自我认知方面，即认识自己，区分自己和他人，形成自我概念等。

自我意识不是与生俱来的，而是在后天的生活中，在个体与环境的相互作用中逐渐形成的。精神分析学家玛格利特·马勒把新生儿比作“蛋壳中的小鸡”，意思是他们还不具备本体性，不能把自己同外界环境区分开。后来，几个月大的孩子能够从镜子中知道自己的存在，再后来，8～12个月大时，孩子可以从照片中找到自己。到了1岁之后，孩子不仅知道了自己和他人是不同的个体，而且无需照镜子、看照片就能知道自己的存在，并且，他们会说出自己的名字和年龄。

1岁半的小语最近拿着她的什么东西都会说：“我的！”拿着她的娃娃、水杯、衣服，甚至毛巾，都会郑重其事地向大家宣布：“我的！”

妈妈每次都会应和说：“嗯，是你的！小语的。”有小朋友来拿小语的玩具，小语则会马上哇哇哭：“我的！不要！”妈妈会劝小语：“是你的，给小朋友玩一会儿，好吗？”小语固执地说：“不要！”妈妈继续劝：“给小朋友玩一会儿，小朋友之间应该分享玩具才对。”小语完全不听妈妈的建议，大声哭。妈妈很无奈。

在社区广场玩的时候，有邻居过来蹲在小语面前，摸摸她衣服上的蝴蝶结说：“好漂亮啊！”小语马上尖叫：“啊！是我的！”如果有人碰她的头或她的手就更不得了了，小语会满脸愤怒地推开对方的手，大声喊：“不要！不要！不要！”妈妈很尴尬地说：“小语，阿姨是喜欢你才摸你，不可以没有礼貌！”但小语根本不听。

很明显，小语进入了自我意识的敏感期，但小语的妈妈却对这个概念还很模糊。进入自我意识敏感期的孩子对自己的东西有强烈的保护欲，凡是他使用的、接触的，甚至是他想要的东西，就统统都是他的，并且他极端讨厌家人之外的人碰触他的身体。而大人往往无法控制自己对小孩的喜爱，忍不住去摸孩子的脸蛋、头发，这时冲突就会爆发，孩子会用尖叫、推打、躲避等方式拒绝别人对他身体的碰触，这是一种对“自我”的捍卫，是“我的身体是我的，别人不能随意侵犯”的愤怒表达。

帮助孩子发展自我意识对孩子未来的成长非常重要，因为，一个人只有能正确地把自己和外界区分，才能客观地认识外界事物。一个孩子的自觉性和自控力的发展，必须以自我意识的发展为前提。只有当孩子意识到自己是谁，自己有什么，没有什么，可以做什么，不可以做什么的时候，他才能自动自觉地去行动。这是孩子未来能够发扬自身优势，克服缺点，进行自我教育的前提。

呵护1岁孩子自我意识的发展，做家长的要记住以下几点。

尊重孩子的物权要求，不强求分享

即使1岁孩子也已经拥有了很多自己的物品，如衣物、玩具、卫生用品等，但每当给孩子买回新的物品时，父母就应正式地告诉他："这是你的。"随即，可以向孩子介绍物品的用途、使用方法以及正确的放置位置。父母们不要随便动孩子的东西，使用孩子的东西之前，应征求孩子的意见，也不要强求孩子与他人分享食物、玩具等。

Tips

帮助孩子明确自己物品的所属权，让孩子感受到自己是物品的真正主人，会增强孩子的自信心和自我意识的感受。

明确孩子的物品所属权，让孩子感受到自己是物品的真正主人，就会同时增强孩子的自信心和自我意识。这样，当孩子想使用别人的物品时，他会模仿大人的态度，首先征求别人的意见。如此，父母就把孩子的人际关系推进到一个有序的轨道，大大降低了孩子抢夺别人东西的事件的发生概率。

妥善运用转移注意力的方法

对“不”字为先、难以讲道理又异常固执的 1 岁孩子来说，有时要阻止他们做一些危险的事情还是比较难的。这时，我们可以用游戏化的方式来转移孩子的注意力，变相阻止他们。《西尔斯育儿法》中记录了这样一个故事，效果非常好，可以为爸爸妈妈们起到示范作用。

我们的劳琳是个性情倔强的孩子，她在 17 个月大的时候总是固执地要到隔壁房间去找她的妈妈，而妈妈正在酝酿写作。当我伸出胳膊把她挡住的时候，她会生气地把我的胳膊推到一边去，并且对我大发脾气。我向她传递了她必须与我待在一起的信息，但是我决定要通过游戏来做到这一点。我不再去强行阻止她，而是在我用胳膊挡住她的时候让她玩我的胳膊，玩着玩着，我们两个很快就转而玩起了猜拳游戏；在这之后，当她用小手把我的胳膊推开时，我就会拉着她的小手，教她轻轻地摸我的胡须，她会因此而大笑起来。用不了多久，劳琳就忘记了原先那个要到隔壁房间里去的强烈念头，觉得和爸爸在一起玩也很开心。转移劳琳的注意力需要花费时间，还要花费额外的精力，但是这么做使我们俩都避免了心力交瘁的折磨。我真正地使我们父女之间的关系加强了，避免了父女之间出现不愉快的肢体冲突。

《孙子兵法》中说：“不战而屈人之兵，善之善者也。”与 1 岁的孩子斗智斗勇，西尔斯博士可谓深谙兵法之精髓。前面我们说过对于倔强叛逆的1岁孩子，顺从的相处才是最好的原则，但顺从不是百依百顺、孩子想怎样就让他怎样，而是有技巧的顺从——转移注意力就是最好的技巧之一。父母结合游戏化的原则，自然地创造有趣的游戏，1岁孩子很容易就会忘记自己刚才坚持的目的。

不说教，不谴责，更不恐吓

上文说到的情况，在每个1岁孩子的家庭都可能发生。但不是每个家庭都有一个像西尔斯博士这样的爸爸。通常一般缺乏技巧的爸爸，可能会有以下几种表现：

◇直接把孩子抱走，孩子则会在爸爸的肩头大哭大闹；

◇大声斥责孩子“不听话”“不乖”，脾气火爆的爸爸，可能还会装出一副吓人的样子说，“再不听话爸爸打屁股了”，孩子的反应除了哭就没有别的；

◇一些较为温和的爸爸会跟孩子讲道理：“现在不能进去，妈妈在工作，你进去了，会打扰到妈妈，妈妈就不能专心工作了，好孩子是不可以打扰妈妈的……”很遗憾，这种唐僧式的说教，对1岁的孩子还不如对孙悟空好用。

◇最可怕的一种是某些爸爸会说，“再不听话，妈妈不喜欢你了”或者“再不乖，你妈妈被你气死，你就没有妈妈了”。真不知道，他们要表达什么。

这几种方式最后的结果全都是一样的——把孩子弄得大哭之后，再哄或逗。且不说耗时耗力，最令人担忧的是这可能会给孩子的心理带来阴影。儿童发展心理学中有一个名词叫“镜像自我”，是指儿童把他人当一面镜子，通过他人对自己的表情、态度和评价来了解和界定自己。无论是说教、谴责还是恐吓，其中都包含着父母对孩子的否定态度和评价，孩子虽然不会说，但是仍能敏锐地感受到。总是遭遇到负面评价的孩子，他的自我评价也会变得消极甚至极端。因此，这一点是父母与孩子交流中的大忌。

“我是小小侦探”：细节敏感期的帮助

一位妈妈带着1岁3个月大的女儿去公园玩。小女孩在花园里一直开心地笑，当时她坐在砖块上，脸上一副很惊喜的表情。她的面前是一个美丽的花坛，但她并不是对着盛开的花朵微笑，她的妈妈疑惑地走近她，并朝她看的方向看过去，那里什么也没有。妈妈觉得更奇怪了，她到底在笑什么呢？顺着她的目光，妈妈仔细看，终于看到了一只很小的昆虫，颜色与周围的泥土的颜色一样，而且它正在努力地往前爬。原来引起小女孩兴趣的就是这样一个毫不起眼的会动的小东西。

孩子的关注点跟我们成人完全不一样。在1岁孩子的眼睛里，这个世界可能是由草丛里的小狗、树下的蚂蚁、街道上的碎纸屑、鞋柜下的鞋子、掉在沙发缝里的碎饼干以及掉落在地板上的头发组成，而不是由高楼大厦、树木、汽车组成的。1岁的孩子总是关注最微小的细节，而大人们总是会忽略细枝末节。这也是我们经常不理解或误解孩子的一个原因——我们看不到孩子眼睛里看到的内容，还常常自以为是地判定孩子在发呆或是游离。

其实，这是每个孩子都要经历的特殊时期——细节敏感期。从爬行期开始，很多孩子就进入了细节敏感期，这一时期将持续两三年，有的孩子持续的时间会更长。

当成年人想去了解微观世界时，我们会利用高倍的显微镜去观察一个小昆虫、一滴水或一个细胞，从而观察到微观世界令人惊叹的“狰狞”面目。而孩子对微观世界的观察，无法借助高科技的工具，他们仅仅是在用自己的肉眼和尚未开发的大脑去看、去探索，但我们不能因此就说孩子什么都无法获得。他们的观察可能更类似于神交。当一个孩子被一个无关痛痒的小东西吸引并全神贯注地盯着看时，他与小东西之间便有了一种大人无法理解的沟通和感情。

这种探索是必要的，它有助于孩子理解力的发展。观察微小事物的过程中，孩子会渐渐发现事物之间的差异，着迷于感官上的探索与辨别，从而增强对周围环境的敏感度和观察事物的敏锐性。因此，对细微事物感兴趣的敏感期，是开启孩子智慧的第一道大门。

究其细微观察深层次的原因，可能是因为孩子从刚刚出生开始，就对父母和其他人处于仰望的状态。弱小的他们在潜意识中抱有强烈的希望自己变得高大强壮起来的意愿，但在现实中却无法快速实现。毕竟成长的速度与他们的渴望相比是缓慢的，于是，他们就把目光转移到比自己更加弱小的细微事物上。也许是企图通过对比，获得一种变强大的体验，也可能是想从同样弱小的细微事物上获得对自己的更多认知，到底具体如何，我们就不得而知了。但无论主观意愿如何，从客观上来讲，孩子都会因此而着迷于对物与物之间差异的探索。

总之，细节敏感期的到来，也就意味着培养孩子观察力和注意力的最佳时期也来了。

蹲下身子追随孩子的视线

1岁2个月的丁丁在地上爬的时候，一会儿捡起一个瓶盖看一看，一会儿抓起一把碎纸片攥在手心。妈妈担心丁丁把这些小东西塞进嘴里一不小心吃下肚子里或卡在嗓子里，但又不想让孩子错失探索世界的机会，于是只好用眼睛紧紧地盯着丁丁的一举一动。当丁丁拿起某个小东西时，妈妈就跟他热情地“介绍”一番，以防他塞进嘴里。妈妈发现，如果她给丁丁做“解说员”，丁丁就会对那个小东西保持很久的注意力——远远超过一个1岁小孩的平均注意时间，但是如果不解说，丁丁很快就会失去兴趣，把东西放下。过一会儿后，他爬回来时还会重新拾起那个小东西再研究一番。

有时我们要蹲下身子追随孩子的视线或手指的方向去发现并予以互动，这是启发孩子好奇心的良好契机。注意力会在互动中加强，如果不存在互动，孩子的注意力会很快转移，他们会去寻求一些更特殊的事物，但是一旦存在着互动，情况就会完全不同。孩子的兴趣会倍增，注意力也会持久。

不要随意去“干扰”他的观察

妈妈正在教圆圆认识挂图上的动物。突然挂图掉下来，墙上多了一个洞。圆圆完全被洞吸引了，妈妈企图让圆圆重新回到动物认知的游戏上，但圆圆完全不配合了。妈妈觉得好好的学习机会被打扰了，很懊恼，于是拿胶布重新把挂图粘上并挡住了那个洞。看不到洞了，但圆圆还是不愿意做动物认知的游戏，而是走到别处去玩了。

其实，动物认知的学习机会虽然没有了，但是对墙洞的观察也是一种学习机会，家长没有必要去阻挡孩子。我们总是希望给孩子看一些我们认为很有意思的东西，比如色彩鲜艳的、位置明显的东西，以为这样能吸引孩子的注意力。但这样做不但不能唤回孩子的注意，还会干扰他此刻的观察和思考。尽管我们也不确定在那一刻孩子是不是正在进行思考，但毫无疑问，那是他与小东西发生联系的重要时刻。这个时候，许多对他们内心没有帮助的事物是无法引起他们兴趣的，只有激起孩子内心热情的东西才能帮助他获得发展。

这就好比深夜时，某间屋里的一只灯泡，在其他的灯都关闭时突然拉亮它，它的光亮会比平时更强。原因很简单，这时家里其他的灯泡都是“休眠”的，只有它“兴奋”着，供给它的电流也就特别充足。

人的大脑也是如此。如果一部分集中精力、全神贯注，处于高度兴奋状态，其他的部分就全部放松、高度抑制。处于高度兴奋的那一部分，各种营养成分的供应都很充足时，就显得特别灵敏、特别能理解和记忆东西、特别能解决问题。

但是，很多妈妈并不知道大脑的这个特点，或说并不关心孩子的大脑是不是正处于高度运转的状态，总是很随意地去破坏孩子的这种宝贵的状态，尽管她们常常是出于好心。

Tips

动态的物体更能吸引孩子的注意，比如飞着的蝴蝶比静止的蝴蝶更容易获得孩子的关注；奔跑的小狗比画上的小狗更容易引起孩子的兴趣。

多给孩子创造些“观察”的机会

父母们在给孩子自由的同时也要记住，要想让孩子们对某件东西保持关注，就一定要提供一些能够引起他们关注的东西。

如果一个事物不能刺激孩子们的注意力，它不仅无法让孩子保持注意力，还会使他们在生理上产生疲乏，甚至伤害他们的眼、耳等适应性器官。相反，当孩子们能够自由地选择自己喜欢的东西，并在这些东西上保持高度注意力的时候，他会明显感受到一种满足和快乐。毫无疑问，这种注意力的训练对他们的成长是有好处的。

适当对孩子的“细心”予以肯定和表扬

心理学家威廉·杰姆斯曾说过：“人性最深层的需要就是渴望别人的赞赏，这是人类之所以区别于动物的地方。”对年幼的孩子来说，这种渴望尤其重要。可以说，表扬孩子是父母的责任和义务之一。孩子最让人不可思议的地方，就是他们具有异常敏锐的观察力。大人想象不到的事物，孩子可以想象到，大人观察不到的事物，孩子都明察秋毫地看到了。这难道不值得肯定和鼓励的吗？

摇摇晃晃去冒险：腿的敏感期的帮助

在腿的敏感期，腿和脚的肌肉和神经正在发育，这是孩子成长发育中必经的过程。试想一下，有了独立行走能力的孩子是什么感觉？就像一个只在电视、电影上见识过纽约大都市的人终于真正踏上纽约的土地一样到处都是见过或没见过的新鲜，到处都是繁华诱惑的景象；而且他发现自己不但可以看到，还可以走过去，用自己的小手去触摸那些新鲜。这就是为什么初学走路的孩子总是蹒跚着不停地走来走去，在隐藏着各种危险的环境中摇摇晃晃。

对每个家庭来讲，孩子学步都是一件令人欢欣鼓舞的大事。父母们或单手牵着，或双手提着，或亦步亦趋地跟着，一眼不眨地盯着，各种学步带、学步车都用上了，恨不得自己亲自替孩子学走路。帮助之心毋庸置疑，但是帮助的方法恐怕还有待商榷。在提供帮助时，还请家长们遵从以下的建议。

创造安全的环境

通常在孩子刚开始爬行时，父母们就会把家里有角的家具都用防撞

Tips

1岁的孩子在室外玩耍时，请看护人一定要不离左右，目光紧随孩子的身影。

条包起来，并且把一些会妨碍孩子爬行的家具，比如茶几等挪到角落里。还有的家庭不希望孩子打开抽屉翻出所有的东西，干脆把带抽屉的家具调转方向，使抽屉面向墙。这也是个办法。另外，墙上的电源插头不用时也需要都用安全塞堵上，以免好奇的孩子把手指伸进去探秘。学步期时，这些设施仍需保持这种状态，因为会走路的孩子摇摇晃晃，难免有站立不稳、一头栽倒的可能。同时，因为孩子的好奇心更旺盛了，有危险的针线、剪刀、扳手、改锥等都要放进孩子看不到、拿不到的空间。桌子上的杯子、瓶子，易碎的、沉重的物品，还请放到柜子里或更高的空间。学步期的孩子能站起来了，他们喜欢踮着脚把桌子上的东西一样一样抓到手中，再扔到地上。卫生间的垃圾桶和浴室的浴缸，都会遭到孩子的袭击，所以最好还是及时地锁好门——2岁之前，孩子们通常还不太能够转动门锁，自行开门。家里的环境其实主要就是这些，如果这些方面都注意到，安全的隐患就小了很多。

室外的危险更多，并且大部分是我们个人无法改变的。比如疾驰的车辆、喷了农药的草地、拦上铁荆棘的灌木丛等。所以父母最好是带孩子去空旷、少人的地方玩，比如学校的操场、社区的健身广场等，尽量让孩子远离有汽车行驶的道路。停车场也是危险的地方，因为3岁以内的孩子紧挨着汽车玩耍时，由于身材矮小，基本都处于司机的盲区范围内，在汽车即将发动时极其危险。

在爸妈身上做体操

尽管外界危险重重，但毕竟行走的敏感期一生就这一段，绝不可错过。因此，爸爸妈妈一定要抓住时机，在确保安全的情况下，大胆放手，鼓励孩子多多锻炼。

处于动作敏感期的孩子会变得特别喜欢走路，并且不喜欢大人搀扶，总是想要自己走。这是孩子急于走路、想要自由的一种表现。可以说，学会走路对孩子来说相当于又一次诞生，因为行走能力的发展促进了独立性的发展。而且，行走扩大了孩子的活动范围，给予孩子更多的认知机会，他们的感知经验也因此而更加丰富。

下面介绍几种最简单易行的小游戏来满足孩子这时期的能力发展需要。

攀爬家具

帮助孩子爬上椅子，爬上沙发，再爬上旁边的桌子。这是建立立体空间概念和高度概念的最佳练习方式之一，也可增强孩子上臂和腿部的肌肉力量。在攀爬时撞到也无妨，孩子可以从经验中学到如何避免危险的自保本领。

上下台阶

爸爸妈妈可以带领孩子爬台阶。上楼时，孩子喜欢手脚并用，真正地爬上楼梯。下楼时，他喜欢你用双手拉着他的双手，而他的双脚近乎半悬空地游荡着下去。这种乐趣真是不可多得。你要做好心理准备，通常小孩子不会只爬一遍就善罢甘休，他会拉着你一遍又一遍地上上下下。爬楼梯是对腿部肌肉进行的更高阶段锻炼，并使孩子对高度的判断力更加准确。

翻筋斗

1 岁的孩子经常会弯下腰，从两腿间探看世界。爸爸可以顺势抓住其大腿和腰部，协助其完成一个翻滚，以此训练孩子的平衡感，并使孩子的手脚力量更加强劲。

吊单杠

手臂强壮的爸爸可以让孩子抓住爸爸的胳膊玩吊单杠，以此训练孩子手部的抓握能力，增加其上臂的肌肉力量。

另外，还有很多父母和孩子可以一起做的游戏，你的身体就是他的最好玩具。对孩子来说，哪怕只是和你一起在屋子里绕圈圈，在床上滚来滚去，都是好玩至极的，这些亲密的游戏不仅能锻炼孩子的肢体协调能力和肌肉力量，更能增进亲子间的感情，让家里充满浓浓的爱意。

“君子”动口又动手：手的敏感期的帮助

随着一天天地长大，肯肯往嘴里塞东西的次数有所减少，但破坏力却越来越大。有一阵他总是用手推家人、推小朋友，搞得妈妈在外面要对他严防死守，还免不了给别人道歉。他还喜欢撕书、撕纸，妈妈给买的漂亮的图画书，有洞洞、能开“小窗”的书，拿回家不到5分钟就会被肯肯撕坏。每次妈妈抱肯肯时，肯肯就会第一时间摘下妈妈的眼镜，两只手各抓住一条眼镜腿，用力向外掰。妈妈的眼镜至今还能歪歪斜斜地戴在脸上也真是奇迹了。有几天肯肯突然又对妈妈的头发产生了兴趣，经常会突然伸手抓住妈妈的头发，这让妈妈真是苦不堪言，还好，没多久他就对头发失去兴趣了。放过了头发，肯肯又对拍水发生了兴趣。每次洗澡，他都会不停地啪啪拍水，水花溅得四处都是，浴室地板和妈妈身上都湿了，肯肯则开心得尖叫。

肯肯怎么突然变成破坏王了？这根本没什么奇怪的，因为手的敏感期已经来了，虽然口的敏感期还没结束。又咬又抓，口手齐上，是1岁孩子探索世界的主要方式。其实0岁时孩子就已经处于手的敏感期了，只不过那时因为孩子能力有限，破坏力不强，表现并不明显。比如刚出生几个月，孩子就会尝试把手伸到自己的嘴里，10个月大时，他们就会把衣柜下层里的衣服弄得满地都是，然后再装回去，接着再掏出来扔一地。会走路之后，手的动作就跟随着孩子的步伐，脚走到哪里，手就抓到哪里。各种大人禁止触碰的东西，孩子全都想用手去摸一摸。对充满好奇心的 1 岁孩子来说，整个房间就是一个等待他一寸一寸去探索的新奇世界。

每一次伸手的尝试，都是孩子对世界的一次探索，也是对大脑发育的一次促进。因为手指运动中枢在大脑皮层中所占的区域最广泛，所以手的动作越频繁、越复杂、越精细、越熟练，就越能在大脑皮层建立更多的神经联系，从而使大脑变得更聪明。大脑的发育又会促使手的动作更加灵巧。1 岁半时，孩子可以用手熟练地拿起各种物品。2 岁时，他们就可以从事穿珠子一类简单的手工了。

手的敏感期，是每个孩子都必定会经历的，虽说每个孩子的表现会有所不同，但基本都有打人、扔东西、抓、捏、撕等现象，因此父母一定不要认为这些行为是需要制止的坏毛病，不但不需要制止，反而应该多鼓励孩子，多创造条件，帮助他们在这个特殊时期获得足够的体验和成长，因为发展手的能力就等于发展孩子的智力，因此，家长要给予处于手的敏感期的孩子积极有益的帮助。

给予相应的语言指导

既然手的探索是需要鼓励的，那么就要给孩子制定一些规则，从而让他知道什么是可以碰的，什么是不能碰的。对于安全的东西，妈妈可以对孩子清楚地说明“这个可以碰”；对于严禁触摸的东西，也要清楚地说明“这个不可以碰”；对于某些东西，比如小伙伴的脸和稚嫩的小动物，妈妈可以告诉孩子“可以轻轻碰”；对于另一些东西，比如海绵、面团，则可以告诉孩子“捏捏看”。也许对于孩子来说，“不可以碰”并不能真的阻止他不去碰，但是长期反复地发出不同的指示，就会在孩子的心中建立一个规则：有的东西可以碰，有的东西不能碰，有的东西可以重重地捏，有的东西只能轻轻摸。这样的规则会让孩子在未来的探索中养成先判断再动手的习惯，从而降低了触发危险的机会。

提供动手的机会和工具

抓住孩子爱动手的特点，可以让他整理玩具、系扣子、用勺子吃饭，甚至擦桌子、扫地等，父母当然不能指望1岁多的孩子真的能干好家务活，这些活动只是让他在劳动中锻炼手部动作技巧，并且感受劳动的趣味而已。

皮球、积木、插塑、橡皮泥、拼图、七巧板、珠子、剪纸等工具也是孩子训练手部肌肉和手眼协调能力的好工具。对撕、抓、揉、拉、放、拍、插、捏、揉、摆、拼、穿、拨、剪等各种动作的掌握不仅锻炼了孩子手指的协作能力以及指关节的灵活性，还将使孩子的大脑产生丰富的神经联结。父母可以提供不同的布料、泥沙、石头、皮革、海绵等让孩子用手去感受，他们会对不同物体的不同质感有不同的体验。

“别打乱我的世界”：秩序敏感期的帮助

20个月时，肯肯开始变得“古怪”了。姥爷的枕头必须姥爷枕，别人不能枕；去超市必须坐公交车，如果打车就坚决不上车；喝椰子汁必须把吸管插在椰子里，如果倒进杯子里就一口不喝；临睡前一定要打开小兔子故事机听音乐，否则就会折腾很久也不睡觉……

作为父母，一定不要把孩子这一系列“固执”的行为简单地划分为“听话”和“不听话”，我们应该清楚地认识到，在孩子行为的背后一定隐藏着某个秘密。1岁的孩子身上那些让人找不到原因、看似“无理取闹”的情况，通常会和他们的秩序敏感期有关。

通常，孩子从几个月开始就对秩序有一定的要求，不过有的孩子表现明显，有的孩子表现不太明显。但无论表现程度如何，秩序对孩子都非常重要，它就犹如城市街道的交通灯，在无声中指挥一切活动井然有序地开展。孩子在这种有序和熟悉中，会感受到这个世界所带来的稳定和安全感。

遵循秩序是生命的需要。一切自然法则都是一种秩序，日月星辰遵循秩序运行，天地万物遵循秩序生长和消亡，因此秩序是影响每个人一生的重要法则。孩子在最初的生活中产生内在秩序，然后以此去要求外部环境、修正环境，力图达到内外的统一和谐。

对秩序的要求会成为孩子的一种良好的人生习惯，使他们在日后的求学阶段能有条理地安排自己的时间和活动，并且知道什么事情是主要的，什么事情是次要的，什么事情要先做，什么事情可以后做。如果孩子在小的时候没有被培养出秩序感和条理性，他们渐渐也会形成习惯，但是那将是一种散漫、无计划的习惯——认为什么事情做成什么样都无所谓，缺乏规划性。这对他们未来的生活会产生不良的影响。

Tips

父母应从孩子小的时候就尽量满足孩子对秩序的要求，帮助其达到内外秩序的和谐统一。

不仅如此，蒙台梭利在《童年的秘密》一书中谈道：“当孩子处于0～4岁的秩序感形成的敏感期时，外在环境中的人、事、物的秩序是帮助其混沌内在发展清晰有序的媒介，如果这些秩序被破坏，则孩子的精神会因此不安和乱发脾气。如果这样的情形持续着，儿童本身不仅会出现疾病的症状，还会抗拒任何一种试图治疗他们的行为。换句话说，当儿童正经历秩序感的敏感期时，看到的都是无秩序的东西，则此种无秩序性不仅会成为儿童发展的障碍，也会成为其人格异常的原因。”

顺应孩子的内在需要

芝麻的妈妈有点糊涂，对一些小事情不太在意，比如穿芝麻爸爸的蓝围裙做饭，而不是她自己的粉围裙；给芝麻擦脸用她的毛巾，而不是芝麻自己的小毛巾等。每当这个时候，芝麻就会固执地要求妈妈把围裙换过来或重新擦一次脸。好在，芝麻妈妈虽然糊涂，但是很有耐心，碰上芝麻的这种要求，都会温柔地按芝麻的要求重新做一次，并且要求自己下次一定记着这些小细节。

有时，孩子的固执让人很无语，有的妈妈会抱怨“这孩子事儿真多”，不过如果不是什么大不了的事情，不妨就满足他们的要求。当我们了解了孩子在这一特定时期的种种表现，我们便会理解孩子“事儿多”的行为，用更加贴近孩子的眼光去看待孩子，并友好地和他们相处。

注意观察和倾听孩子

妈妈带着星星去参加期待已久的同学聚会，谁知到了聚会地点门口，星星说什么都不肯进去，哭着要回家。妈妈有些着急，于是强行抱起星星进去，可酒店里的噪音让星星哭得更厉害了。妈妈冷静下来后，抱着星星又走了出去。在外面，妈妈用快乐的声音跟星星描述即将见到的叔叔阿姨都是谁，会认识哪些小朋友，还绘声绘色地描绘酒店里有一个美丽的水池，可以看到漂亮的红鲤鱼游来游去。星星被妈妈安抚下来后，对鱼产生了好奇，于是同意妈妈带她进去。进去后，妈妈用愉快的声音和同学聊天，并不忘把星星介绍给小朋友。星星逐渐接受了新环境，和小朋友一起去看鱼，玩得很愉快。

当孩子出现一些“奇怪”的“无理要求”时，不要武断地斥责孩子“不听话”，而是要多观察孩子的行为，倾听孩子的要求，发现其行为背后的原因。在确实无法顺应孩子的要求时，不妨开动脑筋，多想想办法，转变孩子的关注点。比如星星妈妈冷静下来后，发现星星不喜欢聚会场所的人多和嘈杂，她先安抚了星星的情绪，然后用星星喜欢的事情转移了星星的注意力——不再关注太多的陌生人，而是漂亮的红鲤鱼。

陪伴孩子，调整情绪，接纳现实

爸爸妈妈带森森去赶火车，森森坚决不上出租车，非要做公交车。可是去火车站的公交车只有一班，要等很长的时间，坐公交车肯定会错过火车。于是爸爸和妈妈强行把森森抱进出租车，森森哭得很厉害。爸爸妈妈没有对森森发脾气，一直反复对森森解释：“公交车要很晚才会来，我们会错过火车的。森森不是很想坐火车吗？一会儿我们就可以上火车了。”淼淼哭了一会儿后，不再哭了，跟妈妈说：“坐托马斯小火车。”

有的人认为已经发生的事情，哭也没用，所以总对孩子说“别哭了”，但其实，哭还是有用的，虽然事情不能改变，情绪却已经来了，不可能说走就走。对于已经发生的事情，莫不如就陪伴孩子，准许孩子把烦躁和愤怒哭出去，把情绪也哭出去，这之后，孩子就会在父母的安慰下慢慢接纳已发生的事实。

遵守秩序，从父母自身做起

要想培养孩子良好的秩序感，首先父母就要做个遵守秩序的人。家庭物品的摆放，应该是整齐的，有固定位置的，而不是凌乱的。另外，作息时间要有规律，全家人应严格遵守作息规律，并且所有配合作息的行为也要是固定的。最后，在陪1岁小孩游戏后，应该把物品放回原位。在父母的带动下，孩子也会养成物归原位的习惯。

第3章 育儿理想国的密钥

在养育1岁孩子的过程中，父母会遇到不计其数的问题。有些问题只是偶尔出现，而有些问题却是长期跟随。千头万绪要从哪里着手理清呢？其实不妨把1岁孩子的生活分为四个部分：饮食习惯、卫生习惯、情绪发展、认知启蒙。相信解决掉这四大部分的主要问题，你的育儿之路就会变得平坦通畅许多。

1岁孩子，以食为天

毫无疑问，“吃”是生存的第一需求，而对1岁孩子来说，“吃”显然更是重中之重，因为这一年中，无论是在“吃”的方式上还是“吃”的内容上，1岁的孩子都会开辟出一片新天地，而“吃”的麻烦也接踵而来了。

如何顺利给孩子断奶？

过了1周岁，很多妈妈便会开始关注断奶问题，并且产生一系列疑问和焦虑：

Tips

断奶断不掉、零食侵扰正餐、边吃边玩，可能哪一个问题都是对父母的长期折磨。

“我听说满1岁后就应该马上给孩子断奶，因为母乳没有营养了，还会影响孩子吃饭，真的是这样吗？”

“我断奶两次都不成功，孩子哭闹得厉害，看他哭着要吃奶的样子太可怜，我真的无法忍心不喂。怎么办呢？”

“别人告诉我可以在乳头上抹上黑乎乎的酱或颜色吓人的紫药水，孩子一害怕就不会吃了。可是这样吓唬孩子真的好吗？”

这些问题让妈妈们变得提心吊胆，甚至出现妈妈抱着孩子一起哭的“悲惨”画面。到底谁是断不了奶的小婴儿？对于断奶问题，我们真该好好思考一下。

首先，满1岁后母乳没营养这个说法是不科学的。1岁多的孩子吃母乳会影响吃饭，也是不正确的。孩子在1岁之后继续吃母乳也是很有好处的。这时的母乳成分已经有所变化，会提供一些适合1岁孩子的营养。只是因为单纯吃母乳不能满足孩子身体发育的全部需要，所以才需要给孩子配合其他食物。妈妈们不必因为担心孩子1岁后吃奶会影响吃饭而匆匆断奶。

每个孩子最佳的断奶时间都不一样，妈妈们应该根据孩子自身的需求来做决定。孩子每一天的身体和心理的成长都在为断奶做准备，终有一天他会自然而然地不想吃奶。很多吃奶吃到2岁的孩子很容易断奶，这不是因为孩子大了、听话了，而是因为孩子的依恋需求得到了充分的满足，面对断奶——人生第一次与妈妈分离的重大事件，他内心已经打好了安全和自信的基础。而学步期的 1 岁孩子正处于安全感建立的重要时期，也是分离焦虑最严重的时期。如果这时的孩子能继续吃母乳，就能得到非常好的满足，如果没有母乳吃，就会更容易时刻黏在妈妈身边，对探索和独自玩耍都多一些不安，少一些勇气。因此，我们提倡“自然断乳”，世界上很多国家的孩子也都是在 2 ～ 4 岁之间断奶，不得不说，中国的孩子断奶普遍偏早。

其次，在乳头上抹吓人的东西来迫使孩子不敢吃奶这种方式是非常不可取的，这可能会给孩子的心理带来很大的伤害。孩子会因此而恐惧、不安、苦恼，甚至在日后出现一些难以纠正的异常行为。

温馨贴士

给孩子断奶的注意事项

◇ 在心理上，要注意给孩子更多的关爱和鼓励。增加和孩子的有效陪伴时间，丰富与孩子共同进行的活动，比如多跟孩子做游戏，带孩子去大自然，常对孩子表达你的爱意，等等。

◇诱导孩子尝试更多的食物，鼓励孩子品尝新味道，并及时称赞表扬，让孩子对新食物保持一种积极的态度和愉悦的心情。

温馨贴士

◇断奶要循序渐进，可从适当减少母乳的次数开始。注意不可用强制的方式断奶，以免给孩子带来心理伤害。

◇孩子反复断奶不成功，究竟是断奶时机不成熟，还是妈妈的内心没做好与孩子分离的准备呢？妈妈们需要好好思考一下。

正确对待零食的态度

肯肯妈妈是坚决反对给孩子吃零食的——不仅因为零食有添加剂的成分、不健康，而且还会影响到正餐的饭量。可是带肯肯去亲戚家的时候，亲戚总会拿一些小零食给肯肯。虽然肯肯妈妈每次都会说孩子还小，不能吃，亲戚总是热情地说："没事，小孩都能吃，"还亲自剥皮或撕开包装给肯肯。在小区里玩的时候，也经常有别的孩子妈妈给肯肯递过来小零食。肯肯妈妈对她们说孩子吃零食有种种不好，可她们说吃点饼干、面包或葡萄干什么的，没有坏处。并且她们还说肯肯妈妈太极端了，不用这样。这样的场面真是让肯肯妈妈既尴尬又烦恼。

相信很多妈妈都对这种事情不陌生。怎么解决呢？其实，这主要在于我们对待零食的态度。不给孩子吃零食是对的，不过也要区别对待。大部分零食都有添加剂，偶尔吃一些不会影响孩子，但长期食用会影响孩子身体健康。因为对小孩子来说，吃几次零食就很容易养成习惯，再想戒掉就难了，因此从开始就禁止是有必要的。另外，有一些零食中含有的添加剂和刺激性成分，会对孩子的味蕾造成过度刺激，让孩子变得厌食，而且零食的饱腹感也确实会影响孩子在正餐时间的食欲，这些也都说明禁止零食是有必要的。

当然，不是所有的零食全都不能吃。比如一些糕点、饼干是可以给孩子吃一些的，而膨化食品和油炸食品，就要尽量不让孩子吃。而且，要完全禁止所有零食也不太可能，父母们可以选择一个适当的不影响正餐的时间，给孩子吃一点补充性的零食。零食的给予，一定要定时限量，父母们平时不要把零食放在孩子的面前。

案例中另外一个问题是如何处理在教养上与其他人产生的分歧。做妈妈的应该多吸收各方面的知识和意见，斟酌对比后选择最适合自家孩子的方式。教养的坚持需要全家人同心协力。如果家里人有持反对意见的，可以集体讨论后择定最终策略，一旦确定，就要保持一致，不可朝令夕改，各行其是。在遇到与自己的教养观念不同的其他人时，首先不要随意地否定别人，但也不要盲目地跟从别人，改变自己。可以通过学习确定或调整自己的策略。与异己者相处时，态度不必太激烈，但坚持自己的做法，对方就会明白你，渐渐也会配合你。

如果孩子已经养成吃零食的习惯，现在就要着手纠正了。妈妈的态

Tips

在孩子喜欢吃零食这一问题上，不能孩子一哭，父母就举白旗投降。乖乖奉上零食是最不可取的，这不但戒不掉孩子吃零食的毛病，还让孩子知道了哭的好处，使之成为要挟人的武器。

度应温柔而坚定，即说到做到，不要严厉地凶孩子，更不要威胁、利诱，只要坚持原则、柔声劝阻即可。

孩子边吃边玩，怎么办？

相信1岁孩子的妈妈会经常遇到以下的情况：吃饭的时候，孩子很少能老老实实地坐在座位上等着喂饭，总是走来走去，一会儿走到阳台摆弄摆弄玩具，一会儿又走到门口抓起一只鞋子，于是妈妈只能跟在后面追着喂。有的孩子常常不让妈妈喂，他们会抢过妈妈手里的勺子或筷子自己吃，可是吃半天也吃不到嘴，倒弄得满桌子满地都是饭粒或菜汤，一顿饭下来往往一个小时都吃不完，害得妈妈也经常吃不好饭。

这是所有古今中外1岁孩子的共性。陈鹤琴先生在几十年前的著作中就描述过类似事件，并给出了具体的解答方案——建议每个家庭都为1岁半之前的孩子准备一个儿童餐椅，他还在书中详细描述了餐椅的形状、规格和尺寸。在当年，这不是很容易办到的事情，但是今天我们可以很轻松地买到一个称心的儿童餐椅。如今的儿童餐椅都有餐盘和安全带。让孩子坐在餐椅上，系上安全带，就可以有效防止孩子不认真吃饭。不过孩子在1岁半之后，会对儿童餐椅失去新鲜感，往往非常不喜欢被固定在座位上，即使被硬放上去也会扭来扭去，总是努力站起来或想从下面滑出去，系上安全带也会搞得餐椅摇摇晃晃，十分不安全。如果孩子强烈抗拒，父母就不要强迫他坐儿童餐椅了。

对不老实吃饭的问题最终需要解决的还是如何让孩子爱上吃饭。让孩子爱上吃饭，对吃饭感兴趣，父母才能帮助他们养成良好的就餐习惯。

1岁半之后的孩子自己动手吃饭的欲望一日比一日强烈，这正是一个提高孩子吃饭兴趣的好时机。首先，要提供给孩子合适的餐具。孩子想自己吃饭时，妈妈应该准备适合孩子用的碗、勺，勺子的大小要适合孩子的嘴，最好一勺子一口饭，不多也不少；碗、盘子要好盛，以免溢出或打翻。那些有可爱的装饰的餐具，也能增加孩子吃饭的兴趣。经过愉快的引导和示范，父母不仅可以让孩子学会自己吃饭，也可以让孩子学会用餐的规范。当然，这个年龄孩子的精细动作还不协调，常常有弄洒饭菜的情况发生，如果妈妈怕麻烦就剥夺了孩子学习吃饭的权利，孩子就缺少了体验自己吃饭的成就感，对吃饭的热情也会下降。

之前提过的零食问题在这里再次重申一下，吃零食要限时限量限品种，两餐之间不可有过多的点心，尤其是吃饭之前的半小时之内最好不吃任何零食。

其次，吃饭的时间不要开着电视机，也要把孩子的玩具、图画书等提前收到玩具箱中锁好，以免孩子分心。

另外，孩子不愿吃饭的理由，也可能是饭菜的色香味不够吸引他。妈妈可以采用多种烹调方式——或清蒸或红烧，让孩子保持新鲜感。大多数的孩子都喜欢色彩鲜艳的食物，若把菜烧成灰灰的，恐怕就难以吸引孩子了。现在有很多教授趣味料理的书和视频，有心的妈妈不妨学习一下，比起普通样式的饭菜，孩子更喜欢有可爱的熊猫、美丽的金鱼、鲜艳的花朵等有趣造型的饭菜。

每个孩子对饮食都有自己的喜好和偏爱，虽然均衡摄取各类营养，才可以帮助孩子健康地发育成长，但也不可强迫孩子进食。对于孩子不喜欢的食物，不宜采取强硬的方式，否则只会让孩子越来越抗拒。

Tips

在孩子的饮食行为上，针对孩子的某些不良行为，父母们不必太多地干涉孩子的选择，也完全不必担心某个行为会跟随孩子一辈子，为孩子创设轻松的进食环境很有必要。

餐桌上不宜说“再吃一些”“这也不吃那也不吃的，这可不行”“不吃饭的小孩不乖”“快吃，不吃妈妈不喜欢你了”之类的语言。毕竟1岁的孩子还不是能讲通道理的年纪，说这些话孩子也根本不会听，反倒是这些语言中包含的负面情绪孩子能很清晰地感受到。他们不会用语言来反驳，只会更加不开心和烦躁，更加拒绝吃饭。

孩子的胃口不可能每顿都一样，有时好点，有时差点。今天喜欢吃豆角，不吃茄子，明天又喜欢茄子，豆角一口不吃；有时要一口菜一口饭吃，有时却喜欢把菜拌在饭里吃……这些都是常有的事儿，过不了几天，他的喜好就又变了。

卫生习惯培养，困难重重

规律的生活习惯是给孩子建立安全感的必要条件。一日三餐，按时睡觉，这些自然而然的事情只要大人有规律，孩子就比较容易养成良好的习惯，但是在卫生习惯的培养上，却经常是困难重重。

让洗澡变得快乐

菲菲1岁8个月大，可爱又乖巧，可是她特别不喜欢洗澡。每次让她洗澡时，她都闹着不肯去。妈妈不得不一边冲她吼，一边把她拖进浴室。可是这样她就会哭，哭上半天也不肯停。而且在浴室里也不肯配合，搞得妈妈筋疲力尽还是不能给她洗完澡。每次要给她洗澡前妈妈都会感觉很头疼，想起她哭的样子就觉得既心烦又心疼。

虽然大多数地区的孩子不必每天洗澡，但他们每天都需要爸爸妈妈的爱抚和逗弄，而洗澡就是最好时机之一。同时，从卫生习惯的角度来讲，让孩子爱上洗澡也是很有必要的。

但是大多数孩子都有在洗澡时抗拒的经历，遇到这样的情况，父母就应该思考一下为什么孩子不愿意洗澡。孩子不爱洗澡，通常有以下的原因。

◇出生后没有经常洗澡，因而对水有惧怕感和不快感

对于怕水的孩子，父母要一点点让孩子亲近水，不洗澡的时候也可以让孩子在浴盆里玩玩具，在水里放上小鸭子、小船等孩子喜欢的塑料玩具，慢慢地，他就会觉得浴盆其实是个有趣的地方。当然，这时父母一定要陪伴其左右，注意孩子的安全，以防孩子滑倒在浴盆里，或者呛到水。

◇孩子正在做一件他感觉很开心的事，所以不愿意停下来去洗澡

当孩子玩得正高兴时往往不愿意去洗澡，于是他们就会想出一些办法来逃避洗澡。父母应该使洗澡制度化，定好洗澡时间。选择一个适当的时间让孩子洗澡，这样，洗澡就不会与孩子其他的活动冲突。处于秩序敏感期的1岁孩子，一旦到了固定时间，就会主动去做这件事。

◇洗澡时，肥皂沫或水经常进到孩子的眼睛、耳朵或嘴里

洗澡或洗头时，水或肥皂泡进到孩子的眼睛、鼻子或耳朵里，会让孩子感到不舒服，特别是洗头的时候，他们的反抗更为激烈。父母可以用毛巾先将把孩子的耳朵捂住，或使用专门的婴儿洗头套。

◇水温太高或太低

水温不当，过冷或过热，或者淋浴时水温控制不佳，一会儿太冷、一会儿太烫，都可能造成孩子边洗边闹，想要逃离。因此，给孩子洗澡之前父母要把洗澡水调整到合适的温度，并用肘部测试一下水温（比体温高 1 ～ 2 度即可）。另外，用水温计测量也是不错的方式。而且，浴室的整体温度也要合适。夏天一定要能通风，冬天最好打开浴霸。

◇大人的动作太重，总是弄痛孩子

洗澡姿势不舒服是孩子不爱洗澡的常见原因之一。也许父母的动作不熟练，抓得太紧或太用力，或是因时间匆忙，帮孩子洗澡时没有留意孩子在洗澡过程中的不舒适。父母在给孩子洗澡时一定要注意好力度，掌握好技巧。

◇浴具不适宜孩子使用

准备一些洗澡专用的小玩具，给孩子自己擦洗用的小毛巾或小海绵，让孩子自己涂抹香皂、自己洗……虽然他还不会洗，但他会很愿意尝试。

◇在浴室里滑倒摔伤过，造成了不愉快的经验

如果浴室或澡盆太滑，孩子曾经摔倒或撞痛，他就会对洗澡产生不良印象。父母可以事先准备好防滑垫和一把洗澡专用的小椅子，让孩

> Tips
>
> 找到孩子讨厌洗澡的真正原因，然后一一解决。在给孩子洗澡时，父母可以对孩子温柔地唱歌、讲话，鼓励孩子拍水玩耍，这样可以让孩子愉快地度过这段时光。

子愉快地洗一次，他就会忘记洗澡的不良印象。

理发不是必须的

肯肯在1岁半之前对理发没有任何过激的反应，但是1岁半之后开始强烈抗拒。21个月时，妈妈带肯肯去理发，他说什么也不肯配合，坚决不肯坐在椅子上。妈妈怎么商量、讲道理，或用好吃的诱惑都没用。最后妈妈只好自己坐在椅子上，用手臂强制地抱紧他，让他无法动。这时肯肯就开始哭，头不停地动来动去，理发师也没法好好理，只好一边说着劝解的话，一边快速地拿推子在他头上推动。只花了两分钟，理发就匆匆结束了。这时，肯肯已经哭得满脸泪痕。头发也有很多地方理得不平整、不美观。而且因为是匆忙中坐在椅子上，妈妈没有穿理发的围裙，剪下来的碎头发弄得妈妈的衣服裤子上到处都是，搞得十分狼狈。妈妈心里想：幸亏肯肯头发长得慢，几个月才需要理一次，如果下次再这么抗拒，就干脆不理了，有什么大不了的呢，总比让孩子哭得那么凄惨强。

肯肯妈妈显然没搞明白肯肯为什么那么抗拒理发，不过她最后的办法却有可取之处。毕竟理发不是什么必须的事情。

不喜欢理发是大部分孩子的通病，究其原因，可能是讨厌理发器嗡嗡的声音，或许是害怕理发师这个陌生人，也可能是处于自我意识萌发期的孩子，非常不喜欢别人触碰他的身体。剪掉头发就更不行了，即使是他最熟悉的妈妈、爸爸也不行。根据一些父母的成功经验，在这里提供给大家这样几条对策。

◇趁孩子睡着时悄悄地理发

让家人把睡熟的孩子横抱在身上，妈妈拿工具给孩子理发，但是千万注意不要吵醒他。当然孩子小的时候也不一定要等他睡着，趁他吃奶的时候给他理发也不错！或者在孩子洗澡的时候也可以试试。

◇转移注意力

如果孩子有什么特别能吸引他注意力的东西，或者他很喜欢但平时你不给他的东西，可以试着在理发时用来分散他注意力，比如平常他不可以看的手机动画片，理发时挑一个时长 5 ～ 10 分钟的给他看，然后趁他安静下来迅速剪发。

◇树立好榜样

榜样的力量是无穷的，比如孩子特别喜欢《小猪佩奇》《托马斯小火车》或《天线孩子》之类的故事，给孩子看一个里面主角剪头发的片段，孩子可能就轻松接受了，并且会乐于模仿故事主角的行为。

◇消除孩子的恐惧

有时候孩子是害怕推子或者剪刀理发时发出的声音。理发前，妈妈可以先给孩子看看推子，一边给孩子讲解推子的神奇功能，一边打开推子做出理发的动作。多看几次，孩子就不会害怕这个声音，也不抗拒理发了。如果是在自己家理发，妈妈可以尽量选择一种声音小的理发器。

◇减少理发的次数

对于自我意识萌芽期的孩子来说，他的身体的每一部分都非常重要，无论是手、脚、腿、脸，还是头发。1岁的孩子尤其抗拒陌生人的碰触。对于这样的孩子，妈妈可能就要亲力亲为，自己做理发师了。有的孩子对妈妈理发也不能接受，如果孩子强烈地排斥，请不要强迫他。还是减少理发的次数吧，毕竟这个时期孩子头发也不会很长。等孩子到了可以讲道理、在意外在形象的时候，理发就变得简单了。

大小便训练不能急

1岁之前的孩子通常一天排便一次或两次。接近2岁的孩子便量会变多——有时会从纸尿裤中溢出，因此，教会孩子用马桶排便更好。排泄技能在生理上完成的时期，平均时间大概是在满2岁，但这只是平均时间，具体在每个孩子身上，还是有显著差异的。做父母的不要看到邻居家同龄孩子能够成功地脱下纸尿裤，而自己家的孩子怎么教都教不会就万分着急。每个孩子都有自己的发育时间和学习的节奏，父母还是要耐心教导，仔细观察自己孩子的情况，想一些可行有效的办法才对。

首先，可以在固定的时间让孩子去蹲马桶，并慢慢让他习惯，即使没有便意也去坐一会儿马桶，几天后就可能将排便的时间固定在这时。陈鹤琴先生在他的家教著作中曾建议将这个时间定在早上起床后，因为如果养成早上排便的习惯，对人一天的生活都是有益的。

其次，平时注意观察，看到孩子似乎是要排便，就赶紧让他去蹲马桶。这个方法坚持下去，孩子就会习惯马桶。

注意父母在态度上对孩子的影响，比如当孩子在练习失败时，不要生气，如果孩子成功上完厕所，记得一定要表扬孩子一番，要让孩子感受到自己的巨大进步。

有些孩子非常排斥使用马桶，排便的时候随便走到哪里就排到哪里，甚至会站着排到裤子上。这时，父母也不要大声责骂孩子，而是要更加耐心地引导，让孩子慢慢接受马桶和厕所。责骂呵斥会让孩子产生心理压力，影响到正常排泄，使他们更加难以学会正确的如厕方式。

另外，在排便的学习上，孩子不是做对了一次就代表完全学会、以后永远都正确。他们的表现经常是反复的，一阵子知道自己去小马桶尿尿了，过一阵子又开始随意尿尿，比如不声不响地尿在裤子里，这种情况也是很普遍的。父母要有这个心理准备，遇到孩子的反复表现，

Tips

孩子成功如厕后，记得一定要鼓励一番；孩子排斥如厕训练时，责骂呵斥会让孩子产生心理压力，影响到正常排泄，使他们更难掌握正确的如厕方法。

还是要耐心、再耐心一些。一般到了2岁半左右，大部分孩子就学会了自己大小便。不过在紧急的情况下——比如脱不下来裤子时，他们可能还是会尿在裤子上。

情绪情感发展中的“大事件”

这一年中，孩子的情绪情感得到了极大的发展，一些看起来十分危险的行为、令人担心的行为也纷纷产生——比如更黏人了，妈妈就会担心孩子是不是不正常，是不是缺乏安全感；孩子喜欢说“不”，妈妈会猜测孩子是不是到了叛逆期；孩子喜欢咬人，爱抢别人的东西，妈妈又会担心孩子是不是有暴力倾向，是不是有攻击性人格……不过，通常事情并没有父母想象的那么可怕。

孩子咬人，千万别激动

14个月之后，肯肯逐渐显露出一种很危险的“爱好”——咬人。他尤其喜欢咬和他最亲密的妈妈。有时，肯肯在妈妈的手臂上能咬出深深的牙印。妈妈不知道肯肯为什么咬她，但她知道这肯定不是因为愤怒或生气。通常，肯肯咬人时，他们母子俩只是很平常地正在屋里游戏或嬉闹，每次都是在很开心的气氛中，肯肯会突然狠狠地咬妈妈一口，即使妈妈很痛苦地叫，他也不松口。妈妈想用手掰开他的嘴，又怕伤到他的小牙，只好等到他自己松口。

妈妈曾经用过三种方式来对待咬人事件。第一种是讲道理，说咬人是不对的，妈妈会很疼，妈妈会哭的，一边说还会一边装作哭泣的样子，但是没有用；第二种是生气、训斥，甚至在他屁股上打两下，但是依然没有用；第三种是“以牙还牙”，妈妈会反过来咬他，想让他知道咬别人后，别人的感觉，但这还是没有用。肯肯咬人时很高兴，然后看到妈妈的反应后会觉得更加高兴。

显然肯肯把咬人当成了与妈妈之间的一种特殊交流方式了，并且仅用于自己高兴时。爱咬人的孩子不止肯肯一个，只不过他们有的是生气时咬人，有的是高兴时咬人。父母应该认识到1岁孩子咬人大多是属于婴幼儿生理和心理发展上的阶段性问题，不属于攻击性行为。

孩子咬人大多是两种原因：第一个原因是因为长牙感觉牙痒，会有强烈的咬东西的欲望；第二个原因是因为尚未成熟的语言表达能力不能抒发心中的情感，所以在特别高兴、兴奋的时候会冷不丁咬上一口，在不高兴、愤怒的时候，也会突然咬上一口。基于这些原因的咬人行为基本到2岁之后——尤其是语言表达渐渐成熟之后就会消失，所以家长不用担心孩子会养成习惯，到幼儿园咬其他小朋友。

不过无论是哪种原因，大人都不能表现得太激动。过于情绪化的表现会被孩子当成是一种对咬人行为的鼓励，即使你表现的是生气和愤怒。此时的孩子还不能正确判断别人的情绪到底意味着什么，以及该如何调整自己的行为。大人的极端反应会让孩子觉得特别开心。这就是很多孩子在咬人后遭到大声责骂甚至体罚，还天真地哈哈大笑的原因。因此，父母可以做的事有三件：

第一，提高警惕，预防孩子咬人的行为，别让他咬到你。说实话，一般这种咬人行为来得都很突然，比较难以预防，不过提高警惕，至少可以稍微躲避一下，起码别让他咬疼你。

第二，被咬之后，要心平气和地面对孩子，不要激动和大喊大叫，否则这种行为会成为孩子认可的吸引人关注的行为，这样反而会使孩子养成不良习惯。

第三，给孩子提供更多的积极有趣的活动，让他不再无所事事，不再以咬人这样的特殊行为来吸引大人的关注。

黏人到底好不好？

贝贝的妈妈是全职妈妈，把全部时间都奉献给了孩子，而贝贝和妈妈最亲这件事也让妈妈感到很甜蜜。可是1岁之后，贝贝的妈妈开始担心这种亲密究竟是不是正常的。原来以为孩子学会走路之后，就能自己玩儿一会儿，妈妈就能轻松一些。可是没想到，贝贝越大越黏人。在家里，她总是紧紧跟在妈妈身后——妈妈做饭时，她也待在厨房里；妈妈打电话时，她就坐在妈妈的身边；她玩玩具时，也总要叫妈妈一起玩；吃饭时，必须要妈妈来喂，无论是爸爸还是奶奶，都不行……

1岁的孩子正处于独立意识刚刚萌发的阶段，这个阶段孩子的心理是很矛盾和复杂的，他做什么都希望自己亲自动手，可是又必须要最亲近的人在身边陪伴。因为这个阶段也是孩子建立一生的安全感基础的重要时期，妈妈理所应当给予孩子最亲密的关怀与呵护。

如果孩子黏人已经达到寸步不离的程度，比如宁可不去玩，也要待在妈妈身边，那做妈妈的就要反思一下自己平时对孩子的态度是否有时好时坏的情况。有的妈妈心情好时，就愿意陪着孩子玩游戏，心情不好时，就推开孩子，甚至嘴里说什么“这孩子太粘人，烦人啊”之类的话，这样的态度会让孩子惶恐——妈妈到底爱不爱我？这种疑惑会让孩子不敢离开妈妈，毕竟对这个年龄的孩子来说，玩什么游戏都没有妈妈重要。

另外，妈妈们还要反思一下，是不是有过偷偷离开孩子的情况。有的妈妈必须要出门办事，又不能带孩子同行，她们怕孩子缠着不放又怕孩子哭的时候，会干脆在孩子睡觉时或专注游戏时偷偷走掉。孩子突然发现找不到妈妈了，尽管别人会对他解释，但他已经形成的恐惧是很难消除的。妈妈回来之后他也一直会害怕妈妈突然消失，因此会寸步不离地跟着妈妈。妈妈如果确实有必须分开的理由（指短时间分开），请提前跟孩子说清楚——用商量的语气征求孩子的同意，并用温柔的语气说服孩子，取得孩子的谅解。

有一个妈妈在对待分离焦虑上，有这样的经验：

Tips

1岁是建立安全感的重要时期，是孩子对父母或第一看护人依恋感最强烈的时期，这是孩子身心成长的需要，建议妈妈不必对孩子粘人的表现反感或紧张，尽量满足孩子对关爱的需求。希望父母的陪伴不仅仅在于时长，更要注重质量。

这位妈妈因为工作需要，要出差几天，她担心孩子会哭，于是提前3天，就对孩子说：“宝贝，妈妈大后天要去上海出差。几天后妈妈就会从上海回来，会给宝贝带礼物哦！”“宝贝，妈妈后天要去上海出差。回来的时候会给你带礼物哦！”“宝贝，妈妈明天要去上海出差。你要听爸爸和奶奶的话哦！”尽管1岁多的孩子对时间根本没有概念，但是经过妈妈反复的提前通知，在妈妈走的当天，孩子只是哭了几声就停了。出差期间，妈妈适当地找机会和孩子视频、通话。当妈妈回来之后，孩子非常高兴，但之后也并没有表现得特别离不开妈妈。这说明孩子明白妈妈离开后也会回来，妈妈并没有消失，没有不爱他、不要他。

抢别人东西

天天的妈妈喜欢带天天去热闹的休闲广场去玩，希望他能认识更多的小朋友，妈妈觉得没有小伙伴的孩子是很可怜的。可是天天在广场的表现太让人头疼了，他总是抢其他小朋友的东西，比他大得多的孩子的玩具他抢不来，但是比他大半岁左右的女孩的东西他总是很容易抢到。天天有时还会因为抢玩具而推倒别的孩子。妈妈很担心，这样下去，天天会遭到所有小朋友的讨厌，怎么办？是不是因为他的爸爸经常在家和他玩比较剧烈的肢体游戏，他才会这么暴力呢？

天天妈妈的担心是没必要的。首先，1 岁多的孩子其实是不需要来自小伙伴的友谊的，所谓没有小伙伴太可怜，那只是大人一厢情愿的想象。对 1 岁多的孩子而言，最重要的只有妈妈、爸爸或其他第一看护人。至于小伙伴，在他眼中那仅仅是和他的玩具差不多的东西而已。

其次，爸爸喜欢和儿子玩剧烈的肢体游戏是一件很好的事情，并不会导致暴力。要知道父母的身体才是孩子最好的玩具，孩子在父母的身体上蹦跳翻滚，不仅锻炼了其动作，促进了肌肉的发展，还大大增进了亲子关系，建立了孩子的安全感，只要能保证安全，这是非常棒的相处方式。

最后，天天其实是个典型的爱动的孩子，抢东西在他这个年龄是很正常的事情，毕竟那些小朋友本身在他眼里也不过是一些会动的玩具而已。孩子的表现是正常的，这种表现通常不会持续到未来上幼儿园时。等到 2 岁半之后，他的自制力、理解力会发展到更高层次，那时大人就可以让他多和小朋友玩，并通过讲道理来规范他的行为了。

孩子喜欢说“不”怎么办?

孩子到了1岁半左右，大多都喜欢说“不”，有的妈妈担心孩子是不是到了叛逆期，并且不知道该如何应对孩子的“拒绝”。其实，这和叛逆期还相距很远。所谓的“拒绝”也不是真的拒绝。这是孩子自我意识萌芽的标志，他们意识到自己的存在，要求有和大人一样的平等地位，对成人的指挥和安排表现出越来越大的选择性。此时父母对他们的行动不要轻易加以干涉，不要伤害孩子的自尊。

和孩子说话时，应尽量用商量和征求意见的口气，而不要用命令的口气——“要这样”或“不许那样”，要以平等的姿态，征询孩子的意见，给孩子留出选择的余地。如“讲完这个故事我们就去洗澡然后睡觉，好不好？”“我们先吃饭，吃完饭之后再玩积木好不好?”尽管孩子依然会回答“不”，但他也可能只是喜欢这么说，并不是真的不想这么做。

对于孩子出现的真正的抗拒行为，转移注意力的办法很有用。如果孩子要用嘴探索一个脏东西，不妨教他如何用手来玩这个“玩意儿”，孩子一定会有兴趣的，而这样，他就会把刚才的事情忘掉了。父母还可以用另外一个玩具或活动来吸引孩子，好在这个年龄段的孩子坚持的时间不会太长，注意力很容易转移。

这个年龄的孩子很多说“不”的时候，都是在争取按自己意愿行动的权利。比如希望自己吃饭、喝水、穿脱衣服、探索环境。如果妈妈总是觉得孩子年龄小，做这些事情不仅帮不上忙，还会添乱，还不如自己动手来得快，就会剥夺孩子学习和发展的机会。所以，对于这些合理的“不”，我们还是要顺从的。

Tips

针对1岁孩子很多莫名其妙的“不”，我们可以选择理解和忽视，因为孩子很可能只是在享受自己发表意见的权利，并没有什么特别的含义。

阅读启蒙带来的焦虑

1 岁孩子的认知能力有了很大的提高，说话、唱歌、涂鸦，妈妈们希望孩子在每一方面都能获得良好发展，尤其是对待阅读，因为这是培养学习能力的重要基础，于是妈妈们更是早早就为孩子“博览群书”做好了心理准备。但在具体实施上，家长们却常常会感到迷茫甚至焦虑。到底给孩子读什么书好呢？孩子对读书没兴趣怎么办？

以“识物”为开始

泡泡妈妈很重视阅读，在泡泡几个月大的时候，就给他买好了布书，软软的，可以咬，可以洗，布里面放了塑料材质，用手一捏就会哗哗响。不过泡泡好像对这些书并不是很感兴趣，每次把它们拿起来放嘴里咬一咬就扔一边了。当泡泡1岁4个月时，妈妈觉得要培养孩子爱看书的习惯，现在就得开始，于是给他买了好多书，多数都是非常棒的绘本，也有一些是认知类的，可是泡泡完全不感兴趣。拿过来不是啃、咬，就是扔在地上用脚踩。泡泡妈很着急，为什么别的孩子可以拿着书看，而泡泡却不从来不看呢？

其实，泡泡妈不用这么着急，毕竟孩子才1岁多，虽然阅读是很重要的事情，但每个孩子的喜好和接受时间是有所不同的。有的孩子可能1岁多就能模仿大人的样子端起一本书像模像样地“读”起来，但有的孩子却完全对书不感兴趣。培养阅读习惯要从小开始，家长能有这种意识是很好的，不过不能强求孩子，还是要遵循孩子自身发展的特点来有序引导。

1岁4个月的孩子对书本内容不感兴趣，这是很正常的，他们还不能意识到书是一种故事或内容的载体，而仅仅把书当成和积木、皮球、鞋子、小板凳等一样的物体。1岁多的孩子对于这些物体的探索方式，当然是用嘴咬、用手扔、用脚踩了，因为他们正处于口、手、腿的敏感期。

不要指望1岁多的孩子能安安静静地坐在妈妈身边听妈妈读书、讲故事，如果妈妈听说谁家同月龄的孩子已经能有模有样地“读书”了，也无需着急，无需比较。他们愿意把书当成一个物体来研究、摆弄，就已经是一个很好的开始了。

这个时期的孩子对各种物体都很感兴趣，妈妈可以给他们介绍物体的名称，先从自己家里的东西开始，告诉孩子家里所有物品的名称，沙发、电视、床、枕头、桌子、椅子……带孩子出去玩的时候，也可以跟随孩子的目光，告诉他他眼中看到的东西的名称，汽车、三轮车、银杏树、草地、猫、狗……之后再买一些水果、动物、昆虫、车辆等与生活相关度比较高的物品的图书或挂图，告诉孩子图上的物品是什么。你会惊喜地发现，孩子很快就会都认识这些事物。

Tips

1 岁多的孩子正处于语言的萌芽阶段，当孩子对身边常见的物品熟悉后，他会自然地说出它们的名字，所以请用正确的、标准的语言来告诉孩子物体的名称。

当孩子的头脑中有了对这个世界更丰富的认识之后，他们才会对图书的内容产生兴趣。这时，父母只要坚持每天给孩子读一会儿书，并经常自己阅读，无需强迫，孩子迟早一定会爱上读书的。

有一点需要注意，购买这些图书或挂图时，请尽量买摄影图片的，或以写实风格绘画的。如果先看见了抽象的事物，孩子可能无法把这个形象和真实的物品联系到一起，见到真的物品后也不认识。但是见过真实物品的样子，任凭艺术家如何抽象、变形的创作，孩子都能认出来。

教育家陈鹤琴先生在《家庭教育与父母教育》一书中曾讲过一个故事：一个 6 岁的孩子认为松鼠是一种只有约两寸长、长得非驴非马的动物，因为他没见过真实的松鼠，只从一本制作粗劣的图画书上“见过”。陈先生说：“我们虽然不能事事以真的活的东西来教小孩子，但他小的时候，经验未丰富，想象力薄弱的时候，我们应当先给他看真的和活的东西才好。”

比起几十年前，这一点我们还是可以很轻松地满足孩子的。

选书的四个建议

对于那些对书感兴趣的孩子来说，选择合适的书保护他们的兴趣非常重要。严格来说，1岁的孩子看书，还不能称之为阅读，通常是由家长给孩子讲故事，孩子听故事、看图来完成的，这个时期叫“前阅读”时期，对心灵成长飞快的1岁孩子来说，这段时期非常重要。几乎每天，1岁的孩子都会有变化，书的介入会对他们产生巨大的影响，因此越小的孩子，选书越不能随便。不仅是培养阅读习惯的需要，满足求知欲和开启美好的亲子时光，也需要父母选择合适的书。这里有四个建议给1岁孩子的家长。

◇选择需要全面运用感官的书

1岁的孩子处于口、手、腿的敏感期，他们探索世界更多的是用身体，结合这种特点，可以给孩子选择一些无毒害材质的塑料书、纸板书，这些书边边角角的地方都处理得很圆滑，材料结实，耐得住孩子的牙咬、口水浸泡，轻易不会被撕破、踩坏，可以放心地让孩子去折腾，而且材质较厚，对还不太会翻书的孩子来说比较容易翻阅。

◇选择页数少、故事简单的书

1岁孩子的注意力时间很短，如果是较长的故事，他们不但理解费力，也没有耐心听完。页数少、故事简单的书可以让孩子很容易了解到完整的故事，提高兴趣，增加翻阅的次数。

◇选择诗歌、童谣等书

诗歌、童谣读起来朗朗上口，内容趣味十足，节奏感强，会让孩子对语言产生浓厚的兴趣，同时也对孩子的美感进行了培养。

◇与日常生活关联度较高的书

1岁多的孩子正是开始学习生活技能的时候，比如打招呼、吃饭、睡觉、穿衣服等，含有这些内容的书能引起孩子的兴趣，对他们的生活启蒙也有很好的帮助。

父母随笔

第4章 传父母之道

进口奶粉、名牌尿不湿、高级玩具、天价培训机构……在养育孩子上，父母们毫不吝惜金钱，这反映出中国父母对早期教育的高度重视，却也折射出父母们在育儿中前所未有的焦虑。各种育儿新观念的流行风潮此起彼伏，更是让父母们眼花缭乱、应接不暇。在这个每天都可能产生育儿新观念的时代，父母们到底要如何选择呢？我们在这里提倡不跟风，希望父母能结合自身情况而做出理智的判断和最佳的选择。

上早教班 VS. 不上早教班

现在很多城市都有早教机构专门针对3岁以下的孩子。很多家长害怕孩子“输在起跑线上”，因此早早带孩子去上早教班的课程。有些父母不辞辛苦专门开车带着几个月大的孩子去体验早教课。有的父母因为家附近没有早教机构，又不方便开车等理由不能带孩子去，不免内心充满焦虑。不论是否已经上了早教课，很多父母都有一些疑问，去上早教班真的有用吗？不上早教班的孩子是不是就会比上了早教班的孩子落后呢？

Tips

仅仅靠在早教班中有限的时间和空间，是远远不能满足孩子对早教的需求的。好的教育效果是需要长期、持久，在一点一滴中渗透的，早期教育尤其如此。

早教是必要的

我们都知道一个简单的道理：对任何人来说，年龄越大，知识储备就越丰富。但学习能力刚好相反，年龄越小，学习能力则越强，随着年龄增长，学习能力会逐渐降低。所以早教，就是早期教育，对每个孩子来说都是非常必要的。

1岁之前，早教的主要任务是刺激孩子的感官和体能的发展。1岁之后，孩子需要更多的身体运动机会、语言发展训练机会以及情绪情感的发展机会。父母应为孩子提供足够的与人、与外界接触的机会，让孩子在更大范围的环境中去感知和认识世界，与更多的人产生互动，学会体察更多的情绪感受，包括别人的和自己的，了解社会的规则和日常行为规范。从这个角度来说，走出家门，接触更多家人之外的陌生人对孩子很有必要，但那种以为带孩子参加早教班就能完成早教任务的想法就不免太简单了。

早教不等于上早教班

有些家长以为自己家孩子没有去上过早教课，就是没有进行过早期教育，这种认识是错误的。从孩子一出生开始，父母就在对孩子进行教育，比如为孩子提供丰富的视觉、听觉、触觉材料，帮助孩子运动和感受空间变化，陪孩子说话等，这些都是早教。只要孩子能感受到被爱、被关注、被理解，有安全感、自信心，情绪常常是快乐的，就说明父母的早教工作做得还不错。那么，即使孩子没有去上早教班，没有在专业教师的带领下从事特定早教活动，也没关系。

在时间、位置和经济条件都允许的情况下，父母可以带孩子去早教班体验一下，看自己的孩子是否适合上早教班。有的孩子会按照老师的引导跟着参与活动，但有的孩子却一直窝在父母的怀里不愿上前，还有的孩子完全不听老师的指令，我行我素。无论孩子做出怎样的表现，我们都不必懊丧、担忧，对孩子产生怀疑，要知道1岁多的孩子本来就不具备“上课”的能力，他们的表现都是属于自身天性的流露，不能强迫他们去接受和参与。另外，也不要被体验课上孩子所表现出来的热情参与所蒙蔽，因为新鲜的环境、新鲜的人都能刺激孩子的兴趣，但这种刺激的效果是逐渐减弱的。体验课上父母重点观察的应该是早教教师对孩子的回应是否积极，是否能和孩子做好互动。

早教的重点在于高质量的陪伴

对1岁的孩子来说，他们能学到的知识是很有限的，但身体能力、情绪情感方面待开发的潜力又是无限的，所以我们应尽最大的可能去陪伴好孩子的每一分钟，而不是期望他们能认识更多的东西，学会背更多的诗，认识更多的字。

高质量的陪伴最根本的就在于父母与孩子之间最亲近、最自然的互动。这一点说起来很容易，做起来却很难。和1岁小孩在一起能干什么、玩什么？他到底在说什么？他想的是什么？他怎么那么有精力？把妈妈累得没有力气了他还在到处走动。任何游戏他怎么都只能玩几分钟、甚至几秒钟就不玩了？他怎么把我摆好的积木一遍又一遍地推倒？他怎么能把这个无聊的事情重复三十多次？他怎么不停地问“这是什么”……每一个问题可能都会让父母变得头疼、不耐烦甚至火大，导致父母们无法把自己原本设想中充满爱意的“高质量陪伴”进行下去。可是这就是1岁孩子的特点，所谓高质量的陪伴，不是陪他安静地读完一个美妙的故事，不是和他一起创作一幅图画，不是和他一起唱一首动听的歌曲，也不是陪他投入地看一场动画电影，更不是在草地上一起享受悠闲的日光浴。对1岁孩子的高质量陪伴，就是忍受他所有笨拙、奇怪、无聊又无休止的行为，并敏锐地察觉到他的情绪、他的需要，然后充满爱心和耐心、不厌其烦给他解答问题，给他各样帮助。陪伴得好了，早教自然也就做好了。

旅行教育 VS. 稳定的环境

古人云：“读万卷书，行万里路。”旅行对人的教育意义之大，甚至可以媲美书本。不过，关于小孩子到底要不要出去旅行，一直存在很大的争议，尤其是1岁小孩的旅行是否真的有意义，这个比三四岁孩子的旅行更让人怀疑。支持的一方能说出很多理由，反对的一方也能讲出一大堆无法反驳的事实。要想对这个问题形成自己的判断，我们可以先从一个简明扼要的表格中看一看旅行对小孩子来说到底有哪些利弊。

表4： 旅行对孩子的利与弊

支持者的观点	反对者的观点
获得最真实、直观的体验	不理解、记不住，看了也白看
开阔眼界，增长知识	吃不惯、睡不好
锻炼独立性、自主性	因旅途奔波或水土不服而生病
提高解决问题的能力	可能遭遇意外危险
增进亲子关系	需要带的物品太多，麻烦
增强家庭凝聚力	影响孩子的正常作息时间
为孩子建立更具包容性的三观打下基础	大人要照顾孩子，玩不尽兴

带孩子旅行真的那么可怕？

从上面的表格中可以看出反对者的理由都是切实存在的实际问题，似乎无法避免，但如果逐条分析其实也并非全都站得住脚。比如说第一条“不理解，记不住，看了也白看”，对1岁的孩子来说，外界发生的很多事情确实是他们无法理解的，也不会形成永久记忆。不消几个月时间，他们就会忘记。但不理解和记不住，不等于看了也白看。毕竟1岁正是人生中学习能力较强的年龄，他们对旅行中经历的某些具体事物可能会忘得一干二净，但在经历中所学习到的处理和解决事情的方法则会保留下来，并应用于日后的生活。可能有人认为不理解的事情是无法学习的，但1岁孩子的学习和成年人的学习有所不同。成年人依据逻辑思维先理解、后学习。1岁的孩子则完全靠感性认知和心灵去吸收学习。心灵的学习往往是不着痕迹的，但它日后必然显露。

至于“吃不惯、睡不好”“因旅途奔波或水土不服而生病”“影响孩子的作息时间”，等等，如果父母为旅途做好更充分的准备，也是可以避免大部分这样的情况的。比如不要将旅行安排得太匆忙，乘车、住宿尽量以孩子的起居时间为参考，多准备一些自己家的水用来给孩子冲奶、泡饭并让孩子慢慢适应旅行地的水，就有可能使孩子避免水土不服。

“需要带的物品太多，又沉重又麻烦”，这是难免的，毕竟多准备一些物品可以应对很多突发情况，是保障大人与孩子健康安全的必要条件。带小孩子出门时，家长最好是能带着便携轻巧的伞车，这样，孩子累了可以坐在车里，很多常用物品也可以放在车里，大大减轻了大人的负担。

最后一条，即“大人要照顾孩子，玩不尽兴”，不同的人对此有不同的理解。有的妈妈喜欢去人多热闹、刺激冒险的地方玩，比如漂流、蹦极、潜水、冲浪等，如果带 1 岁小孩确实无法尽兴。这一类旅行非常不适合年幼的孩子，我们绝不赞成带孩子去。但有的父母喜欢去悠闲宽敞的地方，比如在沙滩上陪孩子堆沙城堡，在小镇上喝茶，推着孩子闲逛。对孩子来说，哪里有爸爸妈妈，哪里就是最好的地方，对有的父母来说，道理和感受也正是如此——珍惜和孩子在一起的时光，哪里有亲密的陪伴哪里就有最美的风景。

综上所述，其实旅行的弊端是可以克服的，只要做好充分的计划和安排，带着孩子去旅行也可以很轻松、很快乐。

旅行真的会让 1 岁的孩子见多识广吗?

虽然旅行的困难可以克服，但这并不意味着我们一定要带 1 岁的孩子去旅行。下面我们再看支持者的观点——这些旅行所带来的教育意义好像并不是一下子就能体现出来的。

Tips

如果父母只是因为自己想出去玩，或者希望孩子能见多识广、增长能力，或者为了炫耀、攀比，或者缺乏安排妥当的能力，或者缺乏支持帮助的家人，那么还是冷静、谨慎地对待带孩子旅行这件事。

我们确实可以相信旅行能为孩子带来“最真实、直观的体验”，可以“增进亲子关系”“增进家庭凝聚力”。但对1岁的孩子来说，“开阔眼界，增长知识”“锻炼独立性、自主性”“提高解决问题的能力”“为孩子建立更具包容性的三观打下基础”这些理由似乎都很虚。这些并不是1岁孩子着急要完成的任务，也不是不可错过的关键期。

是否要旅行，这个决定最好还是根据每个家庭的自身状况来决定，你有能力把旅行安排得妥当，你有家人的支持和协助，你有时间、精力、良好的经济状况来支持，并且你相信旅行会让孩子获得更丰富的体验和更美好的心情，那你就可以大胆地带着孩子去看看世界。

全职妈妈 VS. 职场妈妈

2016年，《劳动法》对产假的时间进行了修改，原本的30天晚育假不再作为全国统一规定，而由各省、自治区、直辖市根据各自的计划生育情况自行规定。这意味着很多妈妈在休完98天产假后就要离开孩子，回到工作岗位。这种离别是很让人无奈的，毕竟孩子才3个多月，正是需要妈妈时刻陪伴的时候。回到工作岗位后，无论是对孩子的思念还是母乳不能及时送给孩子的问题，都让妈妈们痛苦万分。到底是回到职场，还是回归家庭，这是一种艰难的抉择。

全职妈妈与职场妈妈的利与弊

职场妈妈们普遍存在一种愧疚心理，觉得自己陪伴孩子的时间太少，是不合格的妈妈。她们羡慕全职妈妈能让孩子享受满满的母爱，认为24小时的陪伴让母亲与孩子都幸福快乐。但事实上，全职妈妈也有很多不如意的地方。无论是何种形式，都存在利和弊。做一名职场妈妈也不全是弊端，下面还是用最简明的表格方式来看看全职妈妈和职场妈妈的利弊分析吧。

表5：　全职妈妈与职场妈妈的利与弊

	全职妈妈	职场妈妈
利	可获得充足的休养	经济条件得到改善
	无需委托他人照顾孩子，安全放心	职业发展不受影响
	让丈夫专心工作，无后顾之忧	每天接触社会，跟得上社会的脚步
		私人空间增多，心理压力得到缓解

（续）

<table>
<tr><th></th><th>全职妈妈</th><th>职场妈妈</th></tr>
<tr><td rowspan="2">利</td><td>○ 和孩子亲密相处，建立良好的依恋关系和安全感</td><td>○ 因为陪伴孩子的时间少，因此格外珍惜晚上和周末的时间，陪伴质量反而更高</td></tr>
<tr><td>● 落实自己认可的教育理念</td><td>● 孩子的分离焦虑比较轻</td></tr>
<tr><td rowspan="6">弊</td><td>○ 经济压力增加，有些全职妈妈可能会找兼职工作，影响对孩子的陪伴</td><td>○ 身体休养不够，又要通勤、工作，下班后还要陪伴孩子，身体比较劳累</td></tr>
<tr><td>● 容易与社会脱节，产生“与世隔绝”的感觉</td><td>● 孩子需要委托给长辈，或者雇佣保姆，对孩子的安全顾虑较多</td></tr>
<tr><td>○ 缺乏育儿经验</td><td>○ 孩子与母亲之间相处较少，可能不会产生强烈的依恋关系</td></tr>
<tr><td>● 社会地位不够</td><td rowspan="2">● 自己的教育理念需要通过看护人实施，通常不太理想</td></tr>
<tr><td>● 缺乏个人空间，心理压力无处释放</td></tr>
<tr><td>○ 以上原因容易让全职妈妈烦躁、焦虑、抑郁，因而降低陪伴的质量</td><td>○ 以上弊端也容易让全职妈妈焦虑、担忧，进而给孩子带来不良影响</td></tr>
</table>

从比较来看，全职妈妈与职场妈妈各有利弊，总体来讲，全职妈妈最有利的地方在于第四条和第五条：甜蜜的依恋关系和亲自实施自己认可的教育理念，这两点无疑是最重要的，也是职场妈妈最为向往的。为此，甚至有些职场妈妈在工作几个月之后，不惜以辞职来换取。

全职妈妈要学会释放自己的压力

很多全职妈妈反映，在家带孩子其实比外出工作更辛苦，更容易烦躁、焦虑，尽管孩子很可爱，但妈妈常常会产生很多厌烦，感觉自己的生活辛苦、疲惫，又苍白、贫乏，尽管孩子每天都在成长，每天都会带来惊喜，但这种惊喜很难抵消妈妈的倦怠和烦躁。

有些丈夫不能理解，为什么天天在家待着，还说辛苦？明明孩子那么可爱，还觉得烦躁？难道你们不爱孩子吗？

我们呼吁爸爸们能给予妈妈们更多的理解和关爱。要知道，每个人都有自己的爱好和兴趣，需要独立的时间和空间，然而全职妈妈把一切都交给了孩子和家务。从前那些丰富的社交活动所带来的思想碰撞和多姿多彩的生活变得遥不可及。无论妈妈多么爱孩子，日复一日地沦陷于洗衣做饭，照顾孩子的吃喝拉撒中，也会产生“失去自我却无能为力”的感觉。

Tips

全职妈妈需要在丈夫的支持下重获自己的时间和空间，重拾自己的兴趣爱好，需要走出家门，和更多的朋友、邻居交流，了解社会的发展，开阔自己的思维。

全职妈妈的这种状态很可怕，它不但为妈妈们自己的精神状态带来负担，为日后回归社会带来不自信的困难，还会把这种焦躁传递给孩子，使孩子产生种种误解，“妈妈不开心，都是我的错”“妈妈不开心，不爱我了”等。

适当体罚 VS. 自然惩罚

如果说现在还有谁认同“棍棒底下出孝子”的观点，那估计十个人里也找不出一个来，毕竟在“尊重孩子”“和孩子做朋友”等观念早已深入人心的今天，体罚已经没有理论的市场了。但要说谁真的在孩子整个成长过程中一下都没打过孩子，估计可能也是十个人里找不出一个来。孩子们多多少少都会被打那么几下，甚至狠揍过一回。尤其对1岁多的孩子，没法讲道理，不管又不行，父母们往往就会打他们几下。别看1岁的孩子小，他们受体罚的概率其实更高，因为他们确实不太好沟通。

那么为什么大家都不认同体罚，却还在运用着体罚呢？妈妈们是这样说的：“谁都不愿意打孩子，但总有被孩子逼得忍不住非打不可的时候！”“别看才1岁，什么都懂，你打他一次，他就记住了，下次就不敢了！”“打孩子不是一个好办法，不过，我个人认为必要的家法伺候还是可以的。”“不能总打，打多了就‘皮’了，但偶尔用一次真是管用。”“气急了我就打一下，打不坏就没事。”“小孩不能惯着，现在惯着，大了别人该帮你教育了。”凡此种种，妈妈们有着很多认为孩子该打的理由。

孩子真的不能打吗?

有人说孩子千万不能打，你打了他，他可能就有了心理阴影，甚至会影响到长大后的心理健康；也有人说小孩千万不能打，万一一个失手给打坏了，你要哭一辈子；还有人说打孩子没用，他长大还会记恨你……

这些真的是不能打孩子的理由吗？我们身边有很多人从小就经常挨打，长大后也没有什么心理疾病，还是一个健康向上积极开朗的人。不是打孩子一定就会打出心理阴影。毕竟我们现在所说的“打孩子”跟虐待儿童完全不是一回事。至于说一个失手给孩子的身体打坏了这种事确实也有，但属于极低概率事件。那么我们不打孩子是怕孩子长大后记恨吗？大多数妈妈肯定都无惧于此，大家对日后依然会得到孩子爱戴这一点还是抱有信心的。所以这些都不是不能打孩子的理由。偶尔打一下孩子，无可厚非。著名教育家陈鹤琴先生在他的著作《家庭教育》中也提到过他有时打了孩子一下，或是孩子的妈妈气急打了孩子一顿。但这不代表陈鹤琴先生同意孩子需要打，他更不主张打孩子的行为。通览全书，陈先生没有写过一种主张适当体罚的观点，反之，他告诉父母要有耐心，要尊重孩子，要给予儿童尝试和犯错的权利之类的观点则有很多。

扬起的手，请忍住

现在的父母打孩子通常只有两个原因：一是气急的情况下，缺乏思考的冲动之举；二是尝试了很多教育方法均不奏效，于是期望打孩子能有效果。可以说这都是情有可原，却不应被提倡和赞成。因为第一点表明父母的耐心和涵养不够，而承担后果的却是孩子；第二点表明父母教育方法欠缺，是一种能力欠缺的表现。

Tips

体罚孩子给孩子带来的负面影响往往比无效的教育手段来的更严重，因为这会让孩子学会一种粗鲁的对待他人的方式。

俗话说“打哑巴孩子有罪”，就是说家长不可以动手打那些还没有学会说话的小孩。其实，多大的孩子都不可以体罚。孩子挨打之后并不一定会知道自己错在哪里，毕竟1岁的孩子能理解的事情还比较有限。家长也不该像对待小动物一样去给孩子建立一种“做某事就会挨打”的条件反射。其实，1岁的孩子所能犯的错误很有限，家长打孩子往往只是单纯地为了阻止孩子淘气或涉险，比如孩子把桌子上的玻璃杯扔在地上，或非要去插墙上的电器插孔。那么，最好是先把玻璃杯收好放到孩子够不到的地方；把电器插孔用专用塞堵上。做好预防比事后体罚更重要。

我们应该勇于承认自己的“无能为力”，毕竟在育儿这条路上，我们刚刚起步。作为新手父母，我们要做的是多多学习，探索更多更有效的教育手段，而不是把希望寄托在打孩子上。

虎妈猫爸 VS. 教育一致性

严父慈母与虎妈猫爸

中国传统的家教文化中讲究“严父慈母”，做父亲的通常比较严肃，对孩子要求严格，保持一家之主的权威地位，让孩子心中有敬畏。而母亲通常比较慈爱，对孩子宽容、体贴，让孩子能在母亲之处感受到家庭的温暖。这种搭配历来是被赞同和称道的，这和传统社会中男主外、女主内的分工以及男女在社会上的地位差异有关。

如今社会男女平等，女性在社会上也和男性享有平等地位。而男女在家庭中的关系也悄然发生了变化。在教育的态度上，往往妈妈对孩子的生活、学习要求更高，爸爸反而更为宽容，经常是大而化之的态度。这在影视作品中有很多反映，比如《家有儿女》中妈妈刘梅经常批评孩子，而爸爸夏东海则是孩子们的保护伞；《虎妈猫爸》中妈妈毕胜男要求孩子必须优秀，而爸爸罗素则希望孩子快乐就好；《小别离》中的妈妈董文洁对孩子管教甚严，而爸爸方圆则充当“灭火器”的角色……

无论是“严父慈母”还是“虎妈猫爸”，本质上都是一个“唱红脸”，一个“唱白脸”。有人认为这种教育手段与现在得到大家共识的“教育一致性”相违背，是非常不可取的。也有人认为“红脸”代表的是规矩，“白脸”代表的是爱，在教育中，爱与规矩，同样重要，缺一不可。究竟哪个观点是正确的呢？我们再来比较分析一下。

教育的一致性 VS. 爱和规矩

教育的一致性，是家庭教育实施的一个原则，是指家庭成员的教育目标和教育要求一致，互相配合，彼此维护。家庭成员对待孩子的态度和方式，也基本保持一致，不可这个要求太松，那个要求太严，让孩子无所适从，并且被孩子所利用。

爱和规矩，也是家庭教育中所要秉持的两个大原则。如果只是一味地爱孩子，而不设立规矩、适当管教，爱就会变成溺爱、变成害。但如果只给立规矩，而让孩子无法感受到关爱和温暖，规矩就会变成虐待，即使不打骂，也会成为冷暴力。所以爱和规矩，缺一不可。

这么看起来，其实，教育的一致性与爱和规矩之间并不冲突，完全可以并存，也很有必要并存。之所以会产生这样的误解，是因为

“一个唱红脸一个唱白脸”的教育方式并不能真正等同于爱和规矩。在一个家庭中，任何人都应该严格执行爱与规矩的原则，而不是一个人负责爱，一个人负责规矩。这种教育方式确实与教育的一致性相违背。

上面提到的几个影视剧中的妈妈和爸爸为什么会一个唱红脸，一个唱白脸？根本原因就在于他们在对孩子的教育目标上发生了分歧，而他们之间又缺乏沟通和配合，才会导致这种情形出现。《家有儿女》中妈妈和爸爸最后往往能够达成一致，结局也就皆大欢喜了。而《虎妈猫爸》中的妈妈和爸爸多次沟通都不能达成一致，最后果然导致了比较严重的后果——孩子患上了儿童抑郁症。最后还是妈妈改变了自己激进的要求，和爸爸保持一致，使孩子从抑郁症中走了出来。

尽管是影视剧，但它们真实地反映了现在大多数家庭中教育理念不一致，父母各执一端互不相让的现状。但生活毕竟不是电视剧，如果我们的家庭中让这种矛盾激化，给孩子带来的伤害可不是随随便便就能消除的，所以请父母一定要重视这个问题。红脸与白脸不是完全不能唱，一个严格，一个温柔，这是个人风格的问题，但基本的教育目标和要求一定是一致的，爱和规矩也一定是双方都要让孩子能感受到的。

从 1 岁就要贯彻教育一致性

随着 1 岁孩子情绪情感的发展，他们对情绪的理解能力大大增强，

Tips

不可把规矩当儿戏，想起来就要求，想不起来就随意。形同虚设的规矩会让家长们的权威和威信在孩子的心中大打折扣，为日后的教育设下更多的障碍。

而这些连话都说不清的小不点所表现出来的察言观色、趋利避害以及对大人的“利用”能力，简直让人惊叹。在一个家庭里，谁是最亲近的人，谁是最宠自己的人，谁是管着自己的人，孩子很快就能分辨出来。

家长们早就发现了自己被孩子利用的情况，比如有的1岁孩子平时一般都粘着妈妈，但是想吃糖的时候就去拉爷爷的手，因为妈妈虽然亲，但是规矩很多，爷爷虽然平时什么都不管，但是有求必应。如果爷爷在给糖的时候，妈妈不加阻止，孩子会认为让爷爷给糖吃是允许的。如果妈妈这次阻止，下次又不阻止，孩子就不知道吃糖到底是不是一件被允许的事。因此，在家里的所有规矩，家庭成员们都要了解、认可和配合。

第三部分
创建有宠爱、有规矩的“1 岁”家庭

第 1 章　家是一个生命体

第 2 章　关系就是家的血脉

第 3 章　让家由内而外地变美

第 4 章　家规成就一家

上的一个小区。出门不远就是宽阔的鸟巢体育场和奥林匹克公园。奶奶和爷爷为了帮助要上班的小熊父母，也从老家过来，和他们住在一起。白天，妈妈爸爸去上班，爷爷奶奶经常带着小熊在鸟巢附近的广场游戏。刚学会走路的小熊每次都玩到坐在婴儿车上快睡着才肯回家。晚上，爸爸妈妈下班回到家，吃过晚饭通常会陪小熊玩到九点多才休息。对家长们来说，四个大人加一个孩子共同住在一个不大的两居室中，难免有很多不便之处，但是为了孩子能健康成长，大人们自然也就尽量互相理解和包容。1岁的小熊在浓浓的爱的保护中快乐生活。

素描2——

豆豆的家在广东省的一个小镇上，豆豆的爸爸和妈妈在广州打工，由爷爷和奶奶照顾他。每到节假日，爸爸妈妈就会坐五个小时的火车回来看他，平时则通过电话或视频联系。爷爷奶奶把豆豆当作宝贝一样，真是捧在手心怕摔了，含在嘴里怕化了。爷爷经常会买各种小零食、小糕点、乳酸饮料给豆豆吃。豆豆的妈妈在电话里反复强调不能给孩子吃零食，但爷爷奶奶总认为，他们给孩子吃的都是价钱贵的、质量好的、有营养的、而且吃得不多，没关系。另外，豆豆会爬的时间比同龄孩子要晚一些，走路也晚一些。妈妈认为这是爷爷奶奶总抱着豆豆的原因，告诉他们放手让孩子自己去爬、去走。可是豆豆的爷爷奶奶总怕孩子磕着、碰着、累着，舍不得让孩子走，并且说，不会爬没关系，走路也不用着急，早晚都能会，不受伤才最重要。豆豆的妈妈自己也说不清不会爬究竟是不是真的没关系，但总觉得让老人带孩子自己有太多的不放心，因而常常担忧和烦恼。

素描 3——

雯雯的家在东北的一座重工业城市，这几年该城市的发展步调放缓，很多企业的工人工资收入长期没有增长，比如雯雯的爸爸，一个月只有三千多块钱的收入。尤其在雯雯出生后，妈妈奶水不足，需要买很多奶粉，家里的经济越发显得紧张，甚至有捉襟见肘的感觉。但雯雯的妈妈依然谢绝了自己的母亲和婆婆的好意，坚持辞掉工作，自己带孩子。因为她相信孩子只有在自己的父母身边成长，才能培养出足够的安全感。雯雯的妈妈跟亲戚家淘来很多 1 岁小孩的旧衣服、旧玩具，统统洗干净并消毒后给雯雯穿和玩。虽然精打细算的日子过得有点紧巴，但一家人其乐融融。1 岁的雯雯聪明可爱，无论是体能还是认知方面的发展，都让妈妈很满意。雯雯的妈妈相信雯雯上幼儿园之后，她重新开始工作，日子就会过得更好。

素描 4——

琪琪的家位于一个美丽的沿海城市。琪琪的家稍微有一点特殊，是妈妈一个人带着琪琪生活，偶尔外婆会来帮忙。琪琪的爸爸和妈妈在她刚满1岁时就离婚了。离婚后的爸爸很少出现在她面前，如今至少半年没来过了。琪琪的妈妈很要强，觉得自己一个人也能把孩子带好。只是孩子没有爸爸，跟其他孩子相比，有点可怜。这让琪琪妈有些愧疚。她对再婚的事情也有很矛盾的想法，一方面想重建家庭，让琪琪重新享受到父爱，另一方面又担心对方不会真心接纳她的孩子。因此琪琪的妈妈总是觉得很疲累，有时也很迷茫。而琪琪对爸爸已经没有什么印象。1岁的琪琪还不懂得寻找爸爸，但总有一天，她会问妈妈："我为什么没有爸爸？"琪琪的妈妈一边期盼着孩子早日长大，一边又担心这一天的到来。她想找人倾诉自己的担忧，却又不愿把伤疤展露给他人，而背景相似的人又那么少。

上面这四个家庭可以说是大部分1岁孩子的家庭的缩影，这四种结构对于孩子的成长各有利弊。

父母+孩子

大部分1岁的孩子跟随自己的父母生活在一起，通常妈妈是全职在家照顾孩子，爸爸白天工作，下班后和妈妈一起照顾孩子。孩子可以享受妈妈全天候的陪伴，对其安全感的建立非常有好处。这样的家庭问题相对会少一些，主要问题可能会集中在爸爸和妈妈之间的关系是否和谐上。比如有些爸爸因为工作辛苦，下班后不愿意帮助妻子陪伴孩子，而妈妈白天带孩子也很辛苦，如果得不到爸爸的帮助就会觉得更加疲惫和委屈。这种不和谐会间接地影响到孩子，让孩子感到焦虑和惶恐。不过只要夫妻之间互相体谅一些，问题就会迎刃而解。总体来说，这是一种很适合孩子成长的家庭结构。

父母＋孩子＋祖辈

一部分1岁的孩子与爸爸、妈妈、祖父、祖母或外祖父、外祖母生活在一起，也有父母、孩子、两方祖辈都生活在一起的。这种结构形成的本意是祖辈帮助自己的孩子照看孙辈，提供支持，减少他们的压力。但人员关系过于复杂，无论是在孩子的养育上，还是在生活细节上，各方都经常各持己见，众口难调，往往导致矛盾重重，甚至鸡飞狗跳，严重的会引发小两口关系恶化。比如因双方父母都来伺候月子而引发小两口争吵，甚至要离婚的事件在生活中屡见不鲜。这样的情况是非常不利于孩子成长的。

祖辈＋孩子

还有一部分1岁的孩子只和祖辈生活在一起。这种情况大部分是因为经济原因——父母需要外出打工赚钱，只好把年幼的孩子留给自己的父母照看。这种情况不利于孩子的成长是毫无疑问的。祖辈无论如何不能代替父母的角色，长期不能获得父母的陪伴和关爱，会让孩子在安全感的建立上不够稳固，也会影响未来与父母之间的亲子关系。另外，祖辈的教养方式可能还存在种种落后的观念，也会给孩子的成长带来一定的不良影响。如果有条件，孩子还是要待在父母身边为好。

单亲 + 孩子

一少部分 1 岁的孩子生活在单亲家庭，只和妈妈或只和爸爸生活在一起。造成这种情况的原因有很多，如丧偶、离异、未婚先孕等。如果是孩子的父母都在世，抚养孩子的一方就应该让孩子定期定时享受到应得的父爱或母爱。切忌不可将“孩子太可怜了，生长在不完整的家庭中”这样的思想传递给孩子。父母的离异只是夫妻关系的结束，而不是亲子关系的结束，须知离异家庭中也照样培养出了很多乐观健康的孩子。

Tips

无论哪种家庭结构的家庭，只要能营造一种健康和谐的家庭关系和家庭氛围，都会培养出健康快乐的孩子。

家庭结构的大致类型是这样几种，当然，随着社会结构的多元化发展，可能还有更多类型的家庭诞生。总之，无论怎样的家庭都能培养出健康快乐的好孩子，重要的是养育者要营造一种健康和谐的家庭关系和家庭氛围。

家是每个人的守护神

家，就是一个生命体，它会因为家庭成员的成长变化而变化，目的则是为适应家庭成员的变化，并为之提供相应的生存、成长的条件。作为一个家庭，必须要带着使命，完成自己每一阶段的任务。1岁孩子的家，不仅肩负着帮助孩子成长的任务，还承担着帮助父母成长的任务。让家里的每个人都能在相爱中获得欢乐，在帮助中获得力量，在信任中获得安慰，这就是家庭的使命。

任务一：建立有益于孩子一生的安全感

1岁的悠悠对于家的概念一直很困惑，因为她周一到周五住在姥姥和姥爷家，爸爸妈妈都要上班，早出晚归，所以让姥姥和姥爷照顾她。到了周六周日，她则跟爸爸妈妈回到自己家。但是爸爸妈妈不太爱做饭，还是经常会带她去同一个小区的姥姥姥爷家吃饭。等到了下一周的周一到周五，她又被送到爷爷奶奶家，因为爷爷奶奶说他们也想孙女，希望能照顾孩子。爸爸妈妈为了照顾到双方老人对孙女的思念，共享天伦之乐，就决定每周换一次。就这样，悠悠一直在三个家里生活。上了幼儿园之后，老师发现悠悠对周围环境总是表现得漠不关心，在对环境的适应和观察能力上也存在一定的欠缺。这和悠悠的生活环境不固定有一定关系，孩子在不固定的生活环境和不固定的看护人中很难形成良好的安全感与秩序感，为了抵抗杂乱无序带来的困惑，孩子会自动选择对周围环境的漠视。

1岁是建立孩子安全感的关键时期，将为孩子一生的身心健康成长打下重要的基础。对1岁的孩子来说，有陪伴和宠爱自己的爸爸、妈妈随时回应自己的需要，有一个干净、整齐、安稳的住所，每天都处于熟悉的环境中，做着自己大致可以预测到的事情，外部秩序尽在自己掌控之内，就足以建立良好的安全感。而这些正是一个家庭的基本功能。

任务二：抓住性格教育的最早契机

有人认为孩子就是一张白纸，其性格、习惯、品格完全靠家庭环境的塑造，有什么样的家庭，就有什么样性格的孩子。但有人则会反问：那为什么在同一个家庭中长大的孩子会性格迥异？这是个好问题。

一棵苹果树上结的苹果，一定会各不相同：有的大、有的小、有的红、有的绿、有的有虫斑、有的表皮光鲜；这是因为有的生长在树梢、有的更靠近树干、有的向阳、有的向阴、有的被喷了更多的农药、有的被虫子咬了一口，等等。

同样，孩子也是如此。影响孩子性格形成的因素有很多。先天因素是不可忽略的一方面。孩子绝对不是一张白纸，即使是新生儿，也是带着属于他独有的特点来到这世上的。后天环境更是占有决定性的作用，这其中又包含许多方面，比如孩子在家庭中的排序位置、家庭的经济状况、父母的关系状况等，任何一个方面都会对孩子的性格产生影响。

即使只有1岁，我们也能看出每个孩子在性格上存在巨大的差异。有的孩子动作慢，有的孩子性子急，有的孩子性格开朗，有的孩子不爱讲话，有的孩子温顺乖巧，有的孩子脾气倔强。对于父母来说，无论什么个性的孩子，都有他令人欣赏的内心世界，父母首先要无条件接纳孩子的先天气质，同时要知道：正因为先天会带来一些不够完美的性格，后天环境的影响和改造才更为重要。

Tips

一定要抓住性格教育的最早契机，在孩子的先天气质上，顺势而为，为孩子培养好性格打下基础。

在1岁这个阶段，父母，尤其是妈妈，对孩子的关怀和回应程度对孩子性格的形成有巨大的影响，得到的回应越高，孩子的性格越趋于开朗、乐观、勇敢。

任务三：与1岁孩子有效交流

孩子在完全会说话之前，往往靠动作、表情、眼神来与成人交流。有的父母不能明白孩子的意图，就会让孩子很着急，很生气，甚至发脾气。成年人会开玩笑地说："小孩不大，脾气倒不小。"孩子虽然不知道这句话具体的意思，但一定能体味出话语中暗含的抱怨和责备，就会变得更加不开心。这就是不成功的交流。而一些懂"婴语"的父母则跟孩子非常默契，孩子一伸手就知道要什么，一回头就知道找什么，一个眼神就知道是喜欢还是不喜欢。

这样的默契必然是建立在长期共同生活在同一个空间的基础之上。一起游戏，一起打闹，在充分的肢体接触中，孩子与父母的关系更加亲密，彼此更加熟悉，无需语言也能互相懂得。一起看图画书，一起看动画片也是交流沟通的好时机。在这个过程中，父母会充分了解孩子的理解能力的发展，随时调整与孩子沟通的策略。而做这些事情的最佳地点，一定是家里。父母与孩子在彼此熟悉的温馨的环境中探索彼此更深的心意。因此，孩子要寻找快乐、寻找支持、寻求安慰，也必然是在家中，所以有效交流，是家的重要任务之一。

任务四：滋养每个家人的心灵

既然我们说家是一个生命体，那么这个生命体该如何才能变得越来越美丽健康，越来越快乐有趣，越来越生机勃勃呢？这必然是来自家庭建设者们全身心的呵护。

比如，渴望知识的父母在家里读书写字，勤劳爱清洁的父母在家里洗涮打扫，心灵手巧的父母在家里修理家具家电，热爱生活的父母在家里饲养花鸟鱼虫……父母对家的精心呵护，让家庭更温馨美好，让孩子更加健康快乐，也让自己更加充实优秀。这就是家对家人的滋养。

反之，如果家长对家没有精心呵护，只是一门心思扑在事业上或学业上，凌乱无序的家必然会影响家里人在家时的心情，而不够愉悦的心情无论对事业还是学业都不能提供良好的帮助，只会拖慢每个家人前进的脚步。

孩子1岁时，父母要知道

在家庭建设上，我们要坚守以下几个原则。

原则一：夫妻关系高于亲子关系

现在很多人把亲子关系放在首位，但当我们全心全意地投入去做好父母的同时，却忽略了自己的另一半——妻子或丈夫。比如孩子出生后，妈妈往往会把全部的精力放在照顾孩子上，却忽略了对丈夫的关爱。尽管小孩子需要我们24小时的照料，但这种照看应该是两个人合作共同完成的，而不是舍弃丈夫，独自照看孩子。这是一种本末倒置的做法。两人结为夫妇，孩子也因此而来，一个崭新的家也就随之诞生了。夫妻关系是家庭的第一关系，如果其他关系超越夫妻关系，那么出现各种问题的概率是相当大的。父母是孩子的依靠，父母关系的好坏直接影响孩子的安全感和自信心。夫妻如果关系不好，就很难处理好亲子关系。如果孩子看到的是两个不相爱的人在没有安全感的环境下为了自己生活在一起，孩子一定是痛苦的，甚至会认为自己是父母不幸福的原因，进而产生自责、愧疚和自卑心理。

原则二：来自父母的爱是完整的

有些夫妻感情破裂，但为了孩子能生活在一个完整的家里，依然坚持不离婚。其实这种形式上完整的家对孩子未必就是好的。如果孩子每天看到父母吵架、争执或者冷漠相对，也是不利于孩子的心理健康的。所谓的完整，应该不在于形式，而在于来自父母的爱是及时的，无缺的。一些离异后还能把对方与自己和孩子的关系处理好的单亲家庭也同样培养出了积极乐观健康的孩子。孩子不应该因为父母的分离而被迫与父亲或母亲断开连接，更不应该因为父母的不合而听到、看到自己最亲爱的人被另一个自己最亲爱的人诋毁、中伤。

原则三：爱幼，更要敬老

“前檐水不往后檐流，点点入地。人心朝下长。”这是中国的一句俗语，说的是人的自然属性就是爱护下一代。虽然说尊老爱幼是我们的传统，但在一个新生命初来乍到的头几年，新晋父母们往往把所有的心思都花在孩子身上而忘记了自己的父母，甚至还要自己的父母反过来照顾。但我们的一言一行都是孩子的示范，我们怎样对待自己的父母，若干年后，我们的孩子就会怎样对待我们。在一个家庭里，我们与父母之间的关系也影响着这个家庭的健康。面对给予我们生命、抚养我们长大的父母，我们没有任何理由不尊重他们。诚然，因为文化程度和时代的进步，老人的许多观念已经落伍，在育儿和生活中已经不能适应时代的需要，甚至还会起到不良的作用。但这不是我们与他们争吵的理由。无论他们的观念怎样落后，我们都要在尊敬的态度下尽可能与他们沟通。

Tips

有效的沟通足以化解一切障碍，一家几代人的和和美美才是维系一个家庭健康的最重要因素。

原则四：邻里团结，拒绝冷漠

现代人的邻里关系越来越冷漠，孩子们缺少了很多来自邻里之间的友情和温暖。这样的社区环境也是不健康的。家庭作为社会的最小单位，有义务去团结邻里，和睦相处，因为任何一个家庭都不是离群索居与世隔绝的。我们需要一个健康和谐的社会，我们就要去为打造这样的社会而尽自己的力量。对孩子来说，与邻居和睦相处，友好往来，学习帮助别人和向别人求助，也是孩子走近社会、学习与人交往、合作共赢的重要一课。

第 2 章
关系就是家的血脉

关系之于家庭，犹如血脉之于人体，牵一发而动全身。一个关系健康的家，可以赐予家人积极的能量，让每个家人都向着优秀的方向成长，一直被幸福的阳光照耀。一个关系“患病”的家，则会消耗家人的正能量，赋予家人负能量，带给家人各种伤害，甚至危及社会。家庭就是这样一个需要我们用心经营关系的能量场。

家的几层关系

关系有远近先后之分

在我们的身体里遍布着大大小小的血管，有的是动脉，有的是静脉，有的是毛细血管，我们知道，三者的轻重是有着极大区别的。如果把家庭中的各种关系比喻成家的血脉，那么这些关系对家来说，显然也是有轻重之分的。

虽然我们经常用“亲得像一家人一样”来形容关系亲密，但若要深究，一家人之间的关系，也依然是有远近亲疏的。

在一个家庭中，起着最重要的决定性作用、占主导地位的关系，应该是夫妻关系。亲子关系要次于夫妻关系，而祖孙关系、手足关系则更次之，与其他亲戚或保姆的关系则排在更靠后的位置。就像动脉之于人体生命的重要性大于静脉和毛细血管，我们都知道动脉一旦断裂，生命一定会受到威胁。家庭关系也是如此，夫妻关系一旦出现问题，家一定会“生病”。夫妻关系破裂，那么家庭也就等于破裂。即使表面上不离婚，这个家也是名存实亡的。但是夫妻关系即使破裂了，亲子关系也不会因此消亡，只要父母仍然履行自己作为父母的职责，良好的亲子关系就仍然能保护孩子的健康成长。

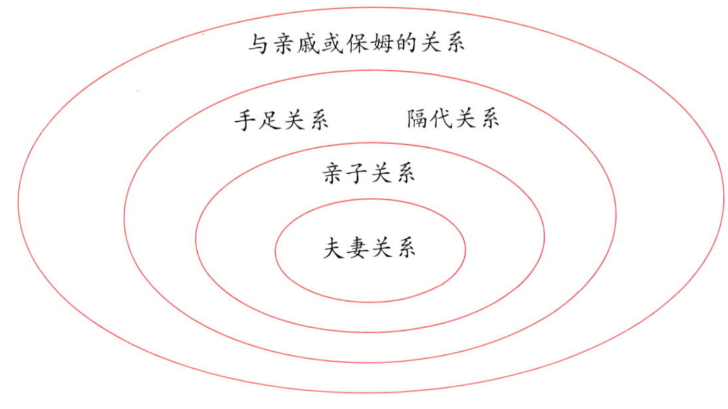

家庭关系图

关系序位出错会导致家“生病”

“如果你的妈妈和妻子同时落水，你先救谁？”这是一个丝毫不因时代变迁而褪色的专门用来拷问男人孝与忠的问题。妻子与母亲，哪个更重要？男人们嘴上给出的答案通常是五花八门，或是顾左右而言他，或是视提问者的不同而灵活变化，但心里的答案多数都倾向于“毕竟老婆可以再找，妈却只有一个，当然是妈更重要”。这个答案通常也是大众心里的标准答案。即使是一些身为妻子的人，听到之后通常也会认同这个答案，因为她们认为一个连自己母亲都不孝顺的男人是不值得托付终身的。

所以，因为同样的道理，这些男人们认为亲子关系高于夫妻关系。因此，在许多中国家庭，母子或母女关系比夫妻关系更亲密，父子或父女关系比夫妻关系更亲密是一种很普遍的现象。即使是子女长大结婚后，这种错位的现象也会延续下去，做婆婆的人会参与到与儿媳“争夺”儿子的战争中，做儿子的无法平衡母亲与妻子之间的关系，要么就是伤害其中一方，要么就是受“夹板气”，两面不讨好。“婆媳之争”成为具有中国特色（也可能是亚洲特色）的最为旷日持久的战争。做岳母的人，会因担心女儿受欺负而过度关心女儿的婚后生活，处处充当指挥，为女儿做主，惹得女婿不满，女儿为难。

夫妻关系

谁是陪你一生的人

我们的一生会遇到很多人，家人、亲戚、兄弟、姐妹、邻居、朋友、同学、同事、老师、老板……有的人只是匆匆而过，有的人只是泛泛之交，有的人会成为亲密爱人，有的人会成为一辈子的莫逆之交，而最亲的人莫过于父母、孩子和自己的伴侣。世间最大的幸福莫过于和相亲相爱的人永远生活在一起。永远当然不会是真的永远，最长久也不过是一生。然而，不是所有最亲的人都能成为陪伴我们一生的人。父母年老时会提前离我们而去，儿女长大后会去过自己的生活，兄弟姐妹和我们共同长大后，也会相继成立自己的家庭，过自己家的日子。这些与我们血脉相连的亲人都不能陪伴我们一生，反而是一个没有血缘关系的人，会和我们携手走到生命的最后，这个人自然就是伴侣。

夫妻关系优先于亲子关系

家是一个由家庭成员和家庭关系组成的生命体。这个生命体可以说是家庭成员的最基本、最重要的守护体。而夫妻二人，犹如这个生命体的心脏，亲密和谐的夫妻关系则是让幸福在整个家庭中流动起来的最重要的动脉。

这是家庭的首要秩序，不可打破，一旦破坏了这个秩序，就一定会付出代价。2010年，广东阳江民政部门曾有调查数据显示，该地区近两年办理的3000多对夫妻离婚登记中，“80后”占了将近四成。调查人员发现了一个日渐增多的与以往离婚原因不同的原因：因为父母插手过多而导致夫妻矛盾升级、激化。2010年时，最大的“80后”也刚刚30岁而已，最小的“80后”才21岁，作为第一代独女子女，父母习惯了事无巨细地包办代替，不插手反而稀奇。新生出这样的离婚原因并不令人意外，却令人遗憾和惋惜。

所以，当你和你的伴侣组成一个新的家庭时，无论你的父母多么爱你，多么能干，都一定要记住，你和你的伴侣才是这个家庭的主角。同样，有了孩子之后，无论你多么爱你的孩子，都不要忘记，你和你的伴侣才是这个家庭的中心，而不是孩子。

亲密的夫妻关系对孩子的成长有积极意义

家庭是孩子成长的第一课堂，父母是孩子的第一任老师。家庭和睦、夫妻恩爱对于孩子的健康成长至关重要。美国一位心理学家对

4000名独生儿童所进行的研究表明：家庭气氛和睦、常有笑声的家庭中的孩子，智商都比不和睦家庭的孩子要高。

在和睦温馨的家庭里，孩子过着无忧无虑、天真烂漫的幸福生活。他们可以建立起良好的安全感，精神上也是自由的、开阔的，这对其智力和健康的发展都十分有力。反之，如果父母感情不和、经常吵架，或是互不关心、疏远冷漠，孩子就会敏锐地察觉到家庭氛围中的紧张或死气沉沉，从而精神上受到压抑，情感上痛苦无助，性格就容易变得孤僻、忧郁、惶恐、自卑，工作学习缺乏主动性，从而智力和健康都无法得到最好的发展。

因此，作为家庭核心的父母，有责任相亲相爱，为孩子创造一个温馨、和睦、充满爱和自由的家庭氛围。父母共同陪伴孩子，给孩子讲故事，和孩子做游戏，带孩子逛游乐园，这些都能让孩子感受到父母对自己的爱和父母之间的相亲相爱，这些爱会给孩子建立有益一生的安全感，更会让孩子对人生、爱情、家庭产生美好的向往，这对建立孩子正确的人生观和价值观很有必要。

Tips

亲密的夫妻关系会让孩子对人生、爱情和家庭产生美好的向往，对于建立孩子正确的人生观和价值观大有裨益。

亲密夫妻的相处之道

健康的婚姻之道不是时刻黏着，“你是风儿我是沙，缠缠绵绵到天涯”，也不是全盘的托付，“整个我的人、整个我的心全都交给你”，更不是牢牢地掌控，“工资全部上交，剩饭全部承包，家务活全干，思想全都汇报”。

“执子之手，与子偕老”，并不是因为我们合二为一才能完整，而是因为我们渴望爱与被爱。曾经有一度，人们认为互补型的婚姻更加和谐、长久，但事实上并非如此。当两个人都需要对方来弥补自己的缺憾，而自己又没有能力肯定和帮助对方时，婚姻会变得越来越疲惫不堪。只有在亲密接触中不忘记自己是独立的个体，在为对方奉献与付出时不忘记追求自己的进步与成长，婚姻才能更和谐美满，长长久久。

黎巴嫩诗人纪伯伦在《先知》中作了一篇《论婚姻》（冰心译）的诗，道出了婚姻的真谛，值得每个人细细品味。

《论婚姻》

你们一块儿出世，也要永远合一。

在死的白翼隔绝你们的岁月的时候，你们也要合一。

噫，连在静默的忆想上帝之时，你们也要合一。

不过在你们合一之中，要有间隙。

让天风在你们中间舞荡。

彼此相爱，但不要做成爱的系链：

只让他在你们灵魂的沙岸中间，做一个流动的海。

彼此斟满了杯，却不要在同一杯中啜饮。

彼此递赠着面包，却不要在同一块上取食。

快乐地在一处舞唱，却仍让彼此静独，

连琴上的那些弦子也是单独的，

虽然他们在同一的音调中颤动。

彼此赠献你们的心，却不要互相保留。

因为只有“生命”的手，才能把持你们的心。

要站在一处，却不要太密迩：

因为殿里的柱子，也是分立在两旁，

橡树和松柏，也不在彼此的荫中生长。

互相奉献，却不过度索取；互相爱恋，却不过度依赖；互相亲近，却留有各自的空间；彼此既能感受到自己是完整的个体，又相信两个人是紧密的结合，是坚定的依靠。这样的夫妻关系，既能让家庭稳固而充满活力，又能为孩子构筑一个温暖、安全的港湾。

如果不再相爱

百年好合，白头偕老，是人们对婚姻的美好愿望，但并不容易成真。婚姻中处处存在危机，离婚的隐患在绝大部分家庭中都会出现。如果真的不再相爱，婚姻是否要继续下去呢？有的人“为了孩子”忍受着或貌合神离、或争吵不休的无爱婚姻，只是因为不忍心让孩子在破碎的家庭中长大。而有的人“为了孩子”坚决要离婚，因为他们不愿让孩子在实际已经破碎的家庭中长大。

中国人传统的思维中总是认为，父母离婚了，孩子要随其中的一方，同时也就变成失去父亲或失去母亲的孩子。所以，为了让孩子不失去父母，最好不要离婚，哪怕已经不爱，甚至互相厌恶、憎恨。

但这样的隐忍其实未必是对孩子有益的。英国曾有一项调查的结果显示：大多数父母离异的孩子并不认为父母离婚就意味着灾难的到来，他们能较快沉浸在自己幸福的新生活里；比起父母离异，孩子们更反感感情破裂的父母无休止的争吵。

如果父母不相爱了，无论是否离婚，孩子都必受其害。只是两害相权取其轻，与其让孩子长期生活在没有爱却有恨的家庭中，倒不如离婚。离婚，对所有牵扯在内的人，尤其是对孩子来说，无疑是一次艰难巨大的挑战。但这只是暂时的，随着时间的流逝，离婚的阴影会逐渐消失，孩子会开始享受崭新的生活。英国一项对 2000 名成年人和 350 名儿童进行的民意调查显示，在英国 10 ~ 15 岁青少年中，80% 的人认为自己的家庭生活非常幸福。即使是单亲家庭的孩子，也有约 80% 的人认为生活还不错，希望父母重归于好的只有 28%。

夫妻关系的断裂，不等于亲子关系断裂。离婚的父母，也依然可以很好地履行自己的家长职责。多陪伴孩子，关心孩子的学习和工作，细心体察孩子情感的变化，乐观坚强，不怨天尤人，不表现得对爱情失望、对生活灰心，给孩子创造一个积极乐观的成长空间……这样，相信随着时间的推移，离婚给孩子带来的负面影响一定会消失殆尽。

亲子关系

亲子关系不可凌驾于夫妻关系之上

问所有妈妈几个问题：你最爱的人是丈夫，还是孩子？孩子出生后，你是否将全部的时间和精力都放在了孩子身上？你多久不曾主动关心过丈夫的衣食住行，心情冷暖了？

很多妈妈在孩子出生后几乎把全部的注意力都放在孩子身上，对丈夫不再关心，不闻不问，甚至开始厌烦，嫌爸爸对孩子不够上心，做事笨手笨脚、粗枝大叶，甚至帮倒忙。爸爸们也很愤愤不平，明明自己也付出了时间和精力，得到的却总是妻子嫌弃和不耐烦的表情。难道还要和刚出生的自己的孩子争夺妻子的关注吗？

这是非常值得警惕的家庭关系序位错误的一个信号。很多夫妻关系从这个时刻开始从亲密走向疏离，甚至最终走到分裂。而亲子关系的“篡位”带给孩子的除了小太阳、小皇帝的家庭核心地位感，还有妈妈对孩子的依恋感和孩子长大后对妈妈的“回报”之心。孩子会认为这个家庭什么都要以他为中心，他所享受的一切照顾都是理所当然的。长大结婚后，妈妈无法摆脱对孩子的依恋感，不能失去孩子，就会依然保持着对孩子及其小家庭事无巨细的关心，而孩子为了回报妈妈的爱，也不会反对妈妈对自己的小家庭的干预，因为那是“不孝”的，会让妈妈伤心。这种干预对新生的小家庭显然是一种阻碍，对新生家庭的夫妻关系更会产生一定的破坏力。

Tips

一旦亲子关系“篡位”，夫妻关系被忽视，带来的伤害可能会波及两代甚至三代人。

父母之爱是离别之爱

今天的父母最常说的话就是“不求孩子成龙成凤，只希望孩子能幸福快乐”。那么怎样才是幸福呢？在父母的庇护下衣食无忧，就能幸福快乐吗？无论是追求平凡人的幸福快乐，还是追求成龙成凤的幸福，首先都必须要让孩子离开父母，独立生活。

黎巴嫩诗人纪伯伦说：“你们是弓，你们的孩子是从弦上发出的生命的箭矢。”父母与孩子，正如弓与箭，总有一天要分离。这个世界上所有的爱都以聚合为最终目的，只有一种爱以分离为目的，那就是父母对孩子的爱。不仅人类如此，很多动物也是如此。为了抚养幼崽，狐狸妈妈往往冒着生命危险，在天敌的虎视眈眈下，在猎人猎犬的搜寻中，艰难觅食，这种对孩子的爱与人类毫无二致。而一旦小狐狸长到能独立捕食的时候，狐狸妈妈就会毫不留情地把它们撵出家门。小狐狸不想离开妈妈温暖的怀抱，狐狸妈妈就会咬它，逼迫它离开。哪怕是有残疾的孩子，也必须独立。因为独立，才是孩子人生的真正开始。

所以，父母无论多爱孩子，终有一天是要放手的。龙应台在《目送》一文中写道："所谓父女母子一场，只不过意味着，你和他的缘分就是今生今世不断地在目送他的背影渐行渐远。你站立在小路的这一端，看着他逐渐消失在小路转弯的地方，而且，他用背影默默告诉你：不必追。"

任何物质补偿都代替不了陪伴

一个年轻有为的企业高管向心理咨询师提问，为什么自己在朋友聚会时可以神采飞扬，在社交场合侃侃而谈，在工作会议上自信又机敏，而在独处的时候却总是感觉孤独、无助、寂寞？咨询老师详细询问了他的家庭情况后得知，他刚出生几个月时，母亲就因病去世，是保姆把他带大的。任何人都无法代替母亲给予他心灵相通的关注与支持。因为从小就缺少了母爱，让他的安全感不能完整地建立起来，长大后，无依无靠的感觉就在潜意识中留下，并成为永远无法弥补的空洞。

现在太多的父母不愿意把时间花费在孩子身上，只愿意为孩子花钱。这其实是既自私又愚蠢的。是的，陪1岁的孩子不停地走来走去，陪2岁的孩子玩一些不知所谓的游戏，给3岁的孩子讲一些简单、荒唐、无限循环的故事，确实比陪成年人应酬饭局、打麻将、唱KTV、驾车旅行要无趣和疲惫得多，可正是这些枯燥乏味，需要付出极大的耐心的事情，才能让孩子感受到真正的爱。

没有陪伴，如何能了解孩子的需求？没有陪伴，如何能发现孩子情绪的变化？没有陪伴，去哪里捕捉和发现教育的机会？再多的玩具都不能让孩子感受到爱的温度，再多的美食都不能提供给孩子情感上的营养，任何物质补偿都代替不了陪伴。

如果不能为孩子付出时间，即使父母是博士，教育结果也未必赶得上那些没多少文化的妈妈。如果不能为孩子付出时间，即使父母是富豪，孩子的幸福感也未必能有普通家庭的孩子的幸福感多。

我们经常说“别让孩子输在起跑线上”，什么才是真正的起跑线呢？早教？家庭财富？父母的能力和学识？这些都不是。只有亲子关系，才是一条公平的起跑线。无论什么样的家庭，东方的、西方的，贫穷的、富有的，只要有心，都有能力打造出良好的亲子关系，从而在发掘孩子自身潜力上，占据优势。

有爸爸的陪伴，真好

妈妈因为有事要出去一会儿，就把1岁半的丽丽托付给了爸爸。妈妈没走多大一会儿，丽丽开始不停地哭闹，找妈妈。爸爸哄了半天，才明白丽丽哭闹是因为要拉臭臭。丽丽爸爸工作繁忙，经常出差，照顾孩子的事情几乎没插过手。从孩子出生到现在，没给孩子换过一次尿片，没给孩子洗过一次澡。现在碰上这事，他完全一无所知，不停地打电话给丽丽妈妈，一会儿问在哪里拉，一会儿问用什么擦屁屁，一会儿又问新裤子在哪，简直如大难临头。

Tips

当然，不是说有父亲的陪伴，孩子一定会变得优秀，没有父亲的陪伴，孩子一定会很糟糕。万事都没有绝对，只是父亲在孩子成长中的作用一定是巨大的、不可或缺的。

很多爸爸对自己很少照顾孩子心安理得，甚至理直气壮，他们说："我要赚钱养家，早出晚归，哪有时间管孩子呢？本来管孩子就应该是妈妈的事啊。"

父爱缺失或者父亲缺位，是现在很多家庭的一个现状。在这种家庭中长大的孩子，往往自尊心、自信心不足，自制力差，还容易产生诸如孤独、焦虑、烦躁等情绪障碍。他们在动手能力上更是不足，并且在集体活动时，缺乏积极主动性和参与精神。这样的孩子长大后，也很难真正独立。

当然，我们能够理解，现代社会中，男性的经济责任比以往任何时代都重得多，事业上的巨大压力让他们很难分出更多的精力来陪伴孩子。尤其是面对还不会交流、不会表达、不知游戏为何物的 1 岁孩子，他们更不知该如何陪伴。但这不是让孩子缺失父爱的理由。没有人天生就会做爸爸，爸爸们需要的只是一颗爱孩子的心。

父亲的陪伴不仅关系到孩子的智力发展和身心成长，更关系到孩子个性品质的形成，以及性别角色的正常发展。那些有父亲陪伴的孩子，在父亲的言传身教下，不仅会获得更多的生活经验和知识，其创造力、想象力也会得到激发，最重要的是他们会拥有满满的自信。

隔代关系

隔代教育的利弊

由祖父母或外祖父母协助父母照顾孩子，在中国是一种很普遍的情况。世界上大多数国家并不是这样的，这种情况和我们在前文中提到的中国传统家庭通常是以亲子关系为主导密切相关。子女结婚后，父母往往还不能放手，因此会主动要求参与到对孙辈的抚养中。另外，当今社会的生存压力也对这一情况推波助澜，在事业和家庭的双重压力下，年轻父母往往很难做到兼顾，请求老人帮忙带孩子成为一种有效的援助。

请祖辈帮忙带孩子，在解决了一些实际困难的同时，也带来了方方面面的麻烦。

表6： 隔代抚养的利与弊

利	弊
○祖辈拥有更为丰富的养育实践经验	○祖辈教育理念落后会妨碍孩子个性发展
●使父母无后顾之忧可以全心全意工作	●引发各种家庭矛盾，导致家庭不和
○有充裕的时间和精力	○过分溺爱阻碍孩子的自我成长
●心态相对比较平和	●增加祖辈在经济和体力上的负担
○比任何保姆或机构都令人放心	○孩子与父母之间的关系日益淡薄
●为单亲孩子弥补了父亲或母亲的角色缺位	
○更好地传承优秀的传统文化和美德	

上面的表格用粗放的形式表现了隔代教育中的利与弊。乍一看，似乎利多弊少，但仔细分析就会发现，“教育理念落后”和“引发各种家庭矛盾”这两点实际包含了非常多的信息。比如，现实中常见的追着孩子喂饭、喜欢逗弄孩子、用语言吓唬孩子、偷着给孩子吃零食等等现

象，都是因为教育理念落后造成的。看不惯年轻父母的生活习惯，对他们的处事指手画脚，不公平对待媳妇和儿子，对娘家人或婆家人不够友好，等等，则会引发各种家庭矛盾。

所以，隔代教育是一把双刃剑，怎么才能用好，则要看年轻父母如何运用智慧，协调好祖辈与新生家庭之间的关系。

祖辈的渴望

小雨的妈妈发现小雨的奶奶总是背着自己给 20 个月的小雨吃零食、喝饮料。自己不在家的时候，小雨能看一下午的动画片。小雨妈妈经常对小雨奶奶说，小孩吃零食对身体健康不好，而且影响吃正餐；喝饮料对身体更不好，里面都有添加剂；电视看多了，会伤害孩子的视力。小雨奶奶也总是表示赞同，可小雨一要的时候，奶奶阻止几句不起效果时，就会依着小雨。小雨妈妈对此十分头疼。

小雨的哥哥宾宾 4 岁了，最喜欢帮奶奶做事。他经常一边帮奶奶洗菜，一边提各种稀奇古怪的问题。妈妈对奶奶说：“小孩子做家务，纯粹是捣乱，您还鼓励他。有这个工夫，多弹一会儿琴多好。”奶奶不以为然：“弹琴也不差这么一会儿，再说不会弹琴也照样有出息，不爱劳动能有什么出息！”

孩子是祖辈晚年生活中的情感寄托，而疼爱就是祖辈表达情感的主要方式。尽管他们在一些教育理念上有些落后，但年轻的父母一定要明白老人的情感，看到孩子开心的笑就是老人们最大的渴望。另外，老人的观念也不完全都是错的。年轻的父母们要多倾听老人的想法，不做全盘否定，吸收有价值的传统育儿经验。有些朴素的观念是不因时代变迁而改变的真理，比如爱劳动、有礼貌、勤俭等，一般为老人所重视，却是年轻父母看不上的“细枝末节”。然而，这正是当代孩子最欠缺的地方，由此而引申出来勤勉、团队精神、友善和诚信等恰恰是现代社会最需要的品质。

年轻父母在与老人发生分歧时，一定要注意自己的沟通方式，要充分理解老人对孩子的爱，在不伤害老人的“面子”和自尊心的情况下，表达自己的想法。切忌当着孩子的面说“奶奶什么都不懂，不要听她的”之类的话。无论是父母，还是祖辈，在孩子面前都需要树立一种权威的形象，一旦家庭的权威被破坏了，孩子身上的顽劣天性就会像脱缰的野马一样难以控制。从此想改掉孩子的一个小小的坏习惯都会变得十分困难。

父母才是教育孩子的主角

首先，应该明确的是，在孩子教育的过程中，父母才是实施教育的主角，老人只是起到一个补充的作用。老人和父母教育观念有冲突，父母要去协调和沟通，做更多的工作。在处理孩子和老人关系上，也需要父母们更多的沟通和协调能力。

其次，在教育孩子这个问题上，家庭所有成员要达成统一战线，千万不能父母忙着管教，老人跟着拆台。父母和老人要协商一致，在管教孩子的时候，老人最好不插手，并努力维护父母在孩子面前的威严，这样孩子就不会惟我独尊，而会懂得尊重父母。即使双方有分歧，也不要当着孩子的面暴露出来，这样只会让孩子在犯错的时候还抱有一丝侥幸。

最后，父母不管有多忙都要端正态度，抽时间多陪陪孩子，教育孩子是父母应该履行的责任。现在很多年轻父母忙于工作，把养育孩子的问题交给家里的老人，一旦孩子出了各种问题，又开始抱怨老人不会教育，不学习新理念。要知道，一味地把孩子的教育权和抚养权交给老人，对孩子是极度不负责的，同时也增加了老人的负担。

无论怎样，我们都要始终谨记，父母才是孩子最好的老师，而不是祖辈。

手足关系

手足情，最珍贵的情感之一

17 个月的栗子经常因被 4 岁的姐姐糖糖欺负而哇哇大哭，可一旦妈妈阻止或批评糖糖，糖糖就会噘嘴，甚至也哇哇大哭起来，这热闹的场面被爸爸戏称为“糖炒栗子”，可是妈妈却很头疼，本来带两个孩子就很辛苦，每天被忙不完的家务纠缠得焦头烂额，而且家里多了一个小孩子，不仅又忙又累，经济也变得紧张起来。本来可以给糖糖提供更好的生活质量，可现在都不得不降低标准。糖糖经常表现出被弟弟夺去妈妈爸爸的爱的委屈表情，这让妈妈看在眼里，疼在心里。妈妈禁不住开始怀疑当初要二胎的决定是不是错了。

很多父母在只有一个孩子的时候都经常说：“一个孩子太孤单了，应该再生一个，两个孩子从小是玩伴，长大也能互相照应。”尤其是身为独生子女的父母，对孤单的感受特别深刻，他们不希望孩子重蹈自己的覆辙，更是以这样的理由坚定要二胎的决心。但二宝出生后，孩子之间往往每天矛盾不断，小时候没做成玩伴，长大后也并不相亲相爱，甚至少数在成家后还会反目成仇。这样的局面完全违背了父母的初衷，让人十分遗憾。

手足情，是很多人向往的一种情感，这种情感十分美好，一想到世界上除了父母之外，还有和自己流淌着同样血脉的人，就会觉得自己不孤单，有力量。

不过，手足之情不像父爱、母爱那样，具有天然生发且无回报要求的特性。手足之情需要有良好的环境来培养。与之相比，嫉妒显然更具有天然性。在手足之情真正建立起来之前，嫉妒会成为第一道不容易过关的考验。而考验父母的，则是对公平的理解和区别对待的智慧。

Tips

家有二宝的父母们，在两娃手足之情真正建立起来之前，嫉妒会成为第一道不易过关的考验。这时，需要你们有对公平的正确理解和区别对待的智慧。

无差别的爱与区别对待

兄弟姐妹之间存在嫉妒是一种很正常的现象。嫉妒带来的不完全是坏事，如果父母处理和引导得当，这种嫉妒会被转化成友好的竞争、相互的支持以及彼此的忠诚。当然，孩子的天性也不能忽略，有些孩子天生就更喜欢独处，而有些孩子天生就喜欢和兄弟姐妹打成一片。就像一群从幼崽时就共同生活在一起的猫，有的两只很快就能相亲相爱，天天追逐嬉戏，同吃同睡；而有的即使一起生活六七年也依然是淡漠的，即使寒冷的冬天都不愿意依偎在一起取暖，这就是不同的天性使然。

教导孩子之前，首先要接受孩子的天性，不能因为孩子喜欢独处，就认为孩子不友爱而强迫孩子去和兄弟姐妹打成一片。也不能因为某个孩子能和兄弟姐妹打成一片，就过多地表扬称赞，树立“道德标杆”，给其他孩子带来压力。

父母可以无私地爱每一个孩子，在爱的天平上做到尽量的公平。但一定要有区别对待的智慧，就是对不同的孩子用不同的方式，尽量让每一个孩子都能各得其所，能感受到自己在这个家里是独一无二的，能对自己所得到温暖和关爱感到满足，尽管他们的需要是大不相同的。这是一个非常实用的原则。

对1岁的孩子来说，他们不太可能有弟弟或妹妹，通常自己就是充当弟弟妹妹的角色。而大的孩子往往会因为妈妈爸爸对1岁孩子的照顾更多而产生嫉妒。所以对父母来说，观察大孩子的情绪变化并及时给予安抚非常重要。即使大孩子已经9岁、10岁，甚至更大，父母也不能认为他们已经大了，不应该和小孩子“争夺”父母的爱和关注，就要让着1岁的孩子。对儿女来说，父母是唯一的，无论多大，孩子永远是孩子，永远希望从父母那里获得足够的关爱。大孩子可以做家务，承担更多的家庭责任，但一日不可缺少爱的滋润。及时的表扬、赞赏，适当的亲吻、拥抱，以及完美履行对大孩子的养育职责，会让大的孩子更爱父母，更爱自己，从而更爱小弟弟或小妹妹。

不做愚蠢的比较

“你为什么不能像姐姐一样有礼貌呢？”“这么大了还不如弟弟听话！”“你看看妹妹才 1 岁多就知道自己走路，你还让妈妈抱，羞不羞？”这些话我们经常从一些父母的嘴里听到，甚至我们自己也会在情急之下冲口而出。这样的比较不仅是无聊的，而且是愚蠢的。如果说随意给孩子下评论能给孩子带来情感和心理上的伤害，那么随意的比较给孩子带来的伤害恐怕是双倍甚至十倍的。

“虽然你没有姐姐聪明，但是你更有礼貌，更讨人喜欢。”“虽然你的歌唱得没有哥哥好，但是你的舞跳得很棒！”这么说是不是就没有伤害了呢？并不是。这依然是在比较，现在有一句流行语说得很好，“没有比较，就没有伤害”。只要有比较就有伤害。虽然你夸了孩子“更讨人喜欢”“舞跳得很棒”，但孩子心里更在意的却是前半句“没有姐姐聪明”“没有哥哥唱歌唱得好”，他的感情已然受到贬低，他对姐姐或哥哥的敌意不知不觉中就会产生了。

有的父母会给孩子起不同的绰号，比如一个叫“小淘气”，另一个叫“小精灵”，那么小淘气以后可能就会越来越淘气，小精灵以后可能就会越来越古灵精怪，因为这是对他们身份的认定，同时也是对家庭中地位的认定。好在这样的绰号比较性不是特别明显。如果一个叫“小

Tips

有二宝的父母们，把每个孩子都当作自己的“独生子女”来对待吧，给予他们独立而独特的关爱，那么，两娃的手足情也会自然而然地产生。

天使”，另一个叫“小恶魔”，或者一个叫“小蜜蜂”，另一个叫“小懒虫”，那比较就很明显了，孩子会有意无意地向绰号意义所指的方向发展。说到底，孩子们是在父母的比较中寻找自己的价值和地位，所以，这样带有比较的定位还是能避免就避免吧。

总之，在1岁孩子的家庭里，物质条件的富裕和贫穷并不是特别重要，只有爱的平衡和公平的区别对待才是重点。如果父母能把每一个孩子都想象成自己的“独生子女”，给予他们独立而独特的关爱，那么孩子们的手足之情也会自然而然地产生。

与保姆的关系

不是家人，也不是客人

妍妍出生后，妈妈请自己的父母来帮忙照看坐月子，婆婆和公公也坚持要来帮忙。妍妍妈妈不想让老人不开心，就让两家老人共同来照看。于是，这个几十平方的小家庭里，住进了六个大人和一个孩子，结果两家老人矛盾重重，有一次外公和爷爷甚至大打出手，搞得妍妍父母小两口差点没离婚。之后，两家的老人因为生气同时走了。妍妍妈妈只好请了一个保姆，这个保姆又专业又和气，配合起来反倒比自家老人更轻松。

有时，我们的家里也常常会有亲戚或保姆身份的人共同常住。比如孩子刚生下来的一个月，很多家庭会雇佣月嫂来照顾孩子和产妇。有的双胞胎家庭，则会长期雇佣保姆来帮忙。这些人既不是家人，也不是客人，却和新生家庭的成员们长期共同生活在一起，这就需要年轻的父母们更加注意维护互相之间的关系，保持家庭的和谐。

尊重、信任、关怀和理解

吉吉的妈妈是一个大公司的主管，做事情一向都是高标准、严要求。自从怀孕后，吉吉妈妈就对自己的饮食、睡眠质量等各个方面提出了更高的要求，好在吉吉的爸爸是个心灵手巧脾气又好的人，没有被吉吉妈的严格要求吓到，吉吉妈妈顺利度过孕期，生下了健康的吉吉。可是并不是谁都能像吉吉爸爸一样配合吉吉妈妈，月子里请来的月嫂虽然都是有着丰富经验的专业人员，可总是被吉吉妈妈挑剔和嫌弃。就这样，一个月子只有30天，吉吉妈妈居然换了7个月嫂。出了月子后她连保姆都请不到了，因为这样挑剔的雇主，无论是保姆本人还是家政公司，都不愿意“伺候”。

月嫂作为照顾新生儿和产妇的专业人士，通常只在雇主家里待一

Tips

和保姆相处的原则：多沟通，少挑剔，大事有原则，小事不较真。

个月。而保姆的工作相对更庞杂、更琐碎，在雇主家里的时间也更长，因此更需要我们妥善处理与保姆的关系。

人与人之间要想建立和谐的关系，最基本的无外乎尊重、信任、关怀和理解，而且必须是双方的、互相的。作为雇主，尊重保姆的劳动，信任保姆的工作，对保姆的健康和烦恼及时发出关怀，理解保姆在工作和生活中遇到的难处，并提供适当的帮助。将心比心，换位思考，时间长了，关系自然和谐融洽。另外，宽容也很重要。保姆的工作基本都是家务活，琐碎、细致，难免有未达到自己标准的时候，这时就需要我们以一种宽容的心态去对待。

在旧时代，一个保姆在雇主家往往能工作几十年，雇主的第三代子女甚至对保姆以“外婆”相称，亲如一家人。在今天，这样的情况几乎是不存在的。但即使只是共同生活在一起几个月，也是一种难得的缘分，值得我们去珍惜和维护。

第3章
让家由内而外地变美

穿上干净整齐的衣服，就会精神焕发，神清气爽；穿上肮脏邋遢的衣服，就会浑身不舒服，甚至觉得抬不起头，缺乏自信。外在条件对人如此，对家也如此。一个家，不但需要整洁明亮，还需要功能齐备，这样，家和家人才能共同成长。

极简而丰富的家

1岁的瑞瑞正在练习走路，她摇摇晃晃地走来走去，看起来好像随时都会摔倒。但妈妈并不担心，因为地上铺上了富有弹性的垫子，并且所有家具的尖角和边缘都包上了泡沫的防撞条。瑞瑞还喜欢把一切看到的东西都摸一摸，甚至尝一尝。因此，妈妈把很多零散的、可能会伤害到瑞瑞的东西都收了起来。

卧室里不但铺了柔软的地垫，还安装了一排围栏。围栏里面是瑞瑞的玩具角和手工桌。有一把小椅子、一个矮沙发以及一些靠垫供瑞瑞攀爬，还有数量不多的玩具，包括几只毛绒小熊、一盒套柱子的积木和几本绘本。虽然朋友给了很多玩具，但妈妈发现瑞瑞最感兴趣的只有这几样，瑞瑞对电动玩具尤其不感兴趣，因此妈妈就把其余的玩具都收起来了。另外，玩具角的墙上还贴了几张水果、动物、昆虫的挂图，点一下就能发声。瑞瑞对这几张挂图也很感兴趣，经常全部按一遍。手工桌则是专门为瑞瑞打造的，是固定在墙上的一块木板，非常简单，连抽屉都没有。瑞瑞现在还不会做手工。偶尔会在这里拿彩笔涂鸦。墙上和桌上都留下了彩笔的痕迹。不过幸好事前整个房间都粘贴了大面积的可以用水擦洗的墙纸。

玩具角的占地不大，另外的地方除了瑞瑞和爸爸妈妈睡的大床之外，只有两个不太大的衣柜，分别属于瑞瑞和爸爸妈妈。没有电脑，没有书柜，没有电视，没有桌子，宽敞的地方是留着给瑞瑞来回走路和跳舞用的。舒缓悦耳的钢琴曲就像是家里的背景音乐，从早上一睁眼就会响起来，偶尔也有活泼轻快的音乐穿插。妈妈和爸爸也经常会播放一些美好的儿歌和节奏感强的流行音乐。瑞瑞一听到节奏感强的音乐就会禁不住舞动手臂，小腿一弯一弯的，尽管她走路还不是很稳。

平时，妈妈除了带瑞瑞看绘本、认挂图，还会抱起瑞瑞观赏照片墙。卧室里的一面墙被爸爸布置成了照片墙，挂满了粉色和红色的大大小小的相框，里面是妈妈、爸爸、瑞瑞、爷爷、奶奶、姥姥、姥爷等人的照片，既有单人照，也有合影。所有的相框被摆放成了一个大大的心形，整个房间充满了爱的气氛。

客厅也是瑞瑞喜欢去的地方，因为不但有大沙发可以爬，还能骑玩具小车。天气不好的时候，瑞瑞就会在家里骑玩具小车。

厨房也没有成为瑞瑞的禁地。瓷碗、刀具等易碎的、有危险性的工具，都被放在了较高的地方。较低的地方摆着不怕摔不怕砸的东西，比如不锈钢蒸锅、小奶锅等。瑞瑞经常走进厨房参观妈妈做饭，当然免不了在低矮的地方折腾那些锅和盆。除了有些吵闹，并不会有什么危险，妈妈在有空的时候，还会告诉她很多物品的名称。另外，和所有房间一样，低矮处的电插座都塞上了专门的塞子，不用担心孩子把手指伸进去。

卫生间里也有很多瑞瑞专属的用具，比如用来踩着洗手的小板凳、瑞瑞的小马桶、瑞瑞的洗澡盆。瑞瑞还有自己专属的洗面奶、毛巾、沐浴露、牙刷、牙膏、牙缸。瑞瑞对自己的东西放置位置十分熟悉，她喜欢洗脸、擦香香，更喜欢洗澡、玩水。

在这个总面积不大的家里，专门隔了一个工作室。爸爸妈妈的电脑和书柜都在这里，瑞瑞经常看到妈妈在这里操作电脑，爸爸在这里读书写字。另外还有一台跑步机和几种简单的练习瑜伽的器具。妈妈发现只有每天都抽出半小时锻炼，才更有精力照顾活泼好动的瑞瑞以及操劳家务。瑞瑞经常陪着妈妈做瑜伽，模仿妈妈的动作，虽然看起来并不像。

瑞瑞的爸爸妈妈信奉极简主义，整个家里的所有物品加起来也不是很多，但足以保证高质量的生活需求，这样的生活环境不仅为孩子提供了成长的空间，也为大人摒弃了太多的物质干扰。

这几年，从日本流行过来一种叫做“断舍离”的生活方式，指的就是要和过多的不需要的物品告别，其目的不是为了干净整洁，而是为了让人们专注于自己真正追求的东西，抛弃不该有的负担。由此诞生了很多“极简主义者”，或称为“极小限主义者”，他们的理念是：最小限的物品，最大限的幸福。著名的苹果公司创始人史蒂夫·乔布斯就是一位实践者。他从 1989 ～ 2010 年始终保持蓝色牛仔裤加黑色高领衫的着装模式。著名的 Facebook 创始人马克·扎克伯格也是如此，千年不变的圆领灰色短袖或外加一件黑色外套。

这种生活方式实在值得做父母的人学习。很多父母，尤其是妈妈们，在二人世界的时候，就是购物狂、剁手党、月光族。从怀孕开始，购物模式就理直气壮地连升好几级，那些有用的没用的各种各样没完没了的东西不但霸占了钱包和房间，更霸占了心灵。很多人的家里都存在着一年甚至若干年没有用过的东西，这说明我们其实根本不需要这些东西。

对孩子来说也是一样，孩子也不需要太多的物质。除了基本的生存保证之外，1 岁的孩子需要最多的就是关爱和陪伴，甚至玩具都不是必需的，而关爱和陪伴这两样必需品是再多的物质也无法给予的。

给孩子一个简单而丰富的家，其实很容易。不在乎是日式的装修风格、是北欧的装修风格、还是古典的中式风格，只要能够围绕安全、舒适、充满爱、充满美的原则，满足两个基本目的——利于全家人的健康成长，利于全家人的学习和工作即可。

提供孩子的专属物品

地铁里的直梯，让残疾人感觉出行是一件方便而简单的事，从而让他们变得喜欢出门逛街，有心情欣赏大千世界。人行道上的盲道，让盲人觉得世界是友好的，自己是被关爱和惦念的，从而心灵的眼睛更加明亮。其实小孩的行为能力从某些方面来讲还不如这些残疾人，比如他们不具备足够的安全防范意识，不具备对错的判断能力，更缺乏行为过程和后果的经验。要想让小孩子学习到更多的生活经验和能力，就要让他们生活得更方便，做事更有积极性，不应强迫他去适应大人的世界，而是要为他们提供专属的工具和设施。

专属的生活物品

陈鹤琴先生曾经在他的著作中倡导父母们都为自己一两岁的小孩子制作一把餐椅，并详细写下如何制作餐椅，甚至附上了图纸。在那个年代，孩子的专属物品是极其缺乏的。能够给孩子提供专属物品也可以算是现代生活和现代教育进步的一个标志了。

今天的孩子在生活上拥有的专属物品极为丰富。服装和食物且不

Tips

布置家庭环境不能只照顾大人的方便，也要考虑孩子的方便，况且更多的时候，孩子方便了，大人就更方便了。

提，刚出生就有各种各样的奶瓶和尿不湿伺候，大一点的孩子有自己的水瓶、牙刷、牙膏、小马桶，婴儿车、餐椅、滑板车等更是每家必备，这是孩子生活在这个时代的幸运和幸福。

但是与此同时，我们要警惕物品的过度丰富。比如有的妈妈买一个高景观的婴儿车，又买一个轻薄便携的伞车，再买一个有遮挡棚的三轮推车；买一个鸭嘴杯，又买一个吸管杯，再买一个保温杯，其实孩子在实际生活中并不需要这么多的车子和这么多杯子。这方面我们可以适当简化一些。

另一方面，我们要关注物品的缺乏。比如你家的洗手池下面是否备有一个小板凳？1岁孩子学习洗脸洗手，往往够不到大人的洗手池。如果专门打造一个低矮的洗手池不是很现实，不仅需要重修下水工程，而且孩子很快就长高了。如果孩子用洗脸盆，家长就需要将洗脸盆放置在一个固定的低矮支架上，即使如此也很难保证孩子不把水盆打翻，况且用流动的水洗手、洗脸才是更卫生的方式。这时，其实最简单的办法就是在洗手池下面预备一个高度合适的小板凳，板凳的凳面尽量不要是太光滑的材质，以防孩子摔倒，如果小板凳能固定就更好了，这样可以防止板凳被孩子踩翻。

专属的游戏物品

自从福禄贝尔详细阐述了游戏的教育价值，提出“游戏是生命的镜子”之后，众多教育家就纷纷给予支持和肯定，发展到今天，游戏被所有的家庭高度重视。很多孩子都有数不清的玩具，有些还不到 1 岁的孩子就有几大箱子甚至一大柜子的玩具了。很多家庭都专门开辟出玩具屋或玩具角，专供孩子游戏使用。因此，在游戏方面，我们所要提醒父母的同样是注意玩具不要太多，要少而精，要选择孩子真正感兴趣和适合的玩具。太多的玩具不仅会让孩子觉得得来太容易从而不珍惜，而且会分散孩子的专注力。

专属的工作物品

蒙台梭利曾说，孩子喜欢“工作”更甚于喜欢游戏。因此，游戏之余，我们更要注重为 1 岁孩子提供“工作”的工具。比如 1 岁的孩子喜欢模仿大人扫地、擦桌子。因此不妨提供给他们一些更小的笤帚和抹布，让他们有模有样地“工作”。

1 岁的孩子喜欢乐此不疲地扔东西，这其实也是一份属他们特殊年龄阶段的“工作”。这种“工作”一是可以锻炼手臂的动作，二是可以感知个体自身与物品之间的关系，从而对世界产生更多的认知。如果我们为了防止孩子扔东西而把所有的桌面收拾得干干净净，所有的柜子、抽屉都封闭，所有的床铺都整理得平整无物，那孩子就失去了很多练习的机会。这时，父母在把有危险的、重要的东西藏起来后，也应该放置一些无害的、不怕摔的东西，比如橡胶的、塑料的、布艺的东西，把它们放在孩子手臂可及的地方，甚至是放在沙发靠背或其他高的地方，从而引导孩子攀爬够物。

工欲善其事必先利其器，对孩子的成长也是如此，我们说成功无捷径，但合适的“器”往往就是孩子体验成功、获得成长的捷径。所以我们要处处留心，为孩子提供方便生活和高效学习的专属物品。这就是一种教育和爱的表现。

浸泡在爱与美中

从一个人在母体中诞生伊始，家便开始了对这个人的一切产生影响。年龄越小，家对人的影响力就越大。随着人的成长，这种影响力慢慢地会渗入到各个方面，成为人无形甚或是有形的一部分。所以，我们在培养孩子健康的体魄、聪明的头脑和健全的人格的同时，还应该教他们学会欣赏和发现生活中一切美好的事物，培养他们有一双发现美的眼睛。我们要做的第一件事就应该是为自己的家人和孩子精心营造一个有爱、有美的家，当然这绝对不是奢华和享乐主义。

音乐环绕的家

越来越多的教育家认可这样一个观点：在富于音乐活动的环境中成长起来的孩子，更容易获得学习和交流的能力。因此，父母在打造家庭环境时，应注重加入音乐的元素。有的父母想培养孩子音乐欣赏能力，专门在家中播放古典音乐，有的父母为了开发孩子的智力，专门播放莫扎特的音乐。其实不需要限制音乐的类型，只要是悦耳的就好。

平时多和孩子一起唱歌，不仅能帮助孩子有效地将音乐内化，而且利于培养亲子感情。无论爸爸妈妈唱歌好与不好，你们只需要和孩子共同唱一些简单的歌曲就好了。1岁的孩子大多数还不能唱出一首完整的歌曲，甚至没有一句是在正确的调上，但这些都不重要，大家一起随着音乐唱，感受美妙的旋律和节奏，享受彼此陪伴的快乐，这才是最重要的。

随着音乐翩翩起舞是很多孩子天生的能力，尽管1岁多的他们还不会唱出正确的曲调，不会做出优美的姿态，但仅仅是随着音乐的节奏摇一摇小手、弯一弯小腿就可以让他们异常快乐了。如果父母能带着他一起摇摆，他们会更快乐。

会唱歌的父母，请多给孩子唱歌，多带孩子一起唱歌；会跳舞的父母，也请多陪孩子一起跳舞；会弹奏乐器的父母，更要多给孩子演奏音乐，让孩子的生活时时刻刻有音乐相随。不会弹奏乐器、唱歌、跳舞的父母也不用担心，只要多和孩子一起听音乐，孩子的心灵自然能受到音乐之美的滋润。

形与色的世界

对1岁的孩子而言，家就是他的全部世界。从1岁孩子依靠自己的两条腿从地上站起来并行走的那一刻开始，这个小小的世界便被赋予了更加美好的意义和更深远的使命。客厅、卧室、厨房、卫生间等，分别成为孩子新世界里各具风采的新大陆，而屋里的一桌、一凳、一橱、一柜则是等待被征服的奇妙岛屿。伟大的探险家已经启程，而充满美的风景正等待着他们。

Tips

干净、整洁是最基本的一种美。

一个美丽的家首先应该是干净、整洁的，所有物品，无论是大的家具，还是小的摆设，无论是厨房里的厨具，还是衣柜里的衣服，都应该是摆放有序的。这样不仅对1岁孩子的秩序感发展具有良好的帮助，而且也会让全家人心情舒畅。反之，在一个凌乱无序的家里，不仅孩子难以养成好的生活习惯，大人的心情也时常会变得烦乱芜杂。

在干净整洁的基础之上，家庭中一定不能缺少一些温馨、美好的摆设。有的人家喜欢在桌子上摆放几盆鲜花或一个插着美丽的干花的花瓶，这些也是很赏心悦目的。但是对刚学会走路、对一切都充满好奇、喜欢扔东西的 1 岁孩子来说，家里摆放这些东西一定会存在安全隐患，那么我们不妨将美丽摆放在更高更安全的位置，比如墙上。在墙上挂上几幅色彩鲜艳的画作，墙上钉上一些小小的花篮，这些小小的心思会让家充满爱和美的感觉。

图画是孩子不可或缺的快乐。孩子不仅喜欢看图画，更喜欢创作图画。1 岁多的孩子刚刚对颜色产生好奇，他们喜欢抓起彩笔在床上、地上、自己的身上等一切他能碰触到的地方留下自己的"大作"。这样家里的床单、墙壁、桌椅可就遭殃了。但我们不能为了保持干净就阻止和责骂孩子，否则孩子的兴趣遭到摧残，变得不敢尝试，就得不偿失了。我们可以专门开辟一个角落，墙上贴上可以反复擦洗的白色墙纸，地上铺上光滑的地砖。给孩子几张纸，几只蜡笔、铅笔、水彩笔，告诉孩子，他可以在纸上画，也可以在墙上画，还可以在地上画，想怎么画就怎么画。尽管这个年龄的孩子只能画出线条，但不同的笔碰触在不同的画板上，一定也可以带给孩子不同的体验和快乐。艺术的种子也许就这样种在了孩子小小的心灵上了。

一平方米的图书角

书房应该像厨房一样，是每个家庭必备的房间，为家人提供精神食粮。然而，在这个房价高涨的时代，很多人家的住房面积十分有限，甚至卧室和客厅都不够宽敞，书房往往只是一种奢侈的梦想。但对孩子来说，阅读不仅是必不可少的一种活动，更应该是一种习惯，一种生活方式。所以，我们要为孩子爱上阅读创造条件。

如果确实没有条件打造一间书房，那么打造一个图书角也是不错的。很多家庭都能努力创造条件给孩子布置一个玩具角，那么布置一个图书角也绝对没问题，因为图书角可以更小。

比如，可以在墙壁的夹角放置一个舒适的小沙发或一个大靠垫，墙上钉几个小书架放置孩子的绘本。这种布置不仅创造了图书角，还美化了家居环境。

如果房间里有飘窗，那么在窗户附近安装几个小书架，窗台上铺上柔软的垫子，一个明亮舒适的图书角就完成了。

2岁之前是孩子最初的语言发展敏感期，阅读可以帮助孩子培养正确的语感，提高对语言的理解能力。一个小小的图书角会对孩子的阅读兴趣起到良好的保护作用，同时也会使爸爸妈妈的爱和各种神奇美好的故事浓缩在孩子的心里。

第4章

家规成就一家

所谓家规，不是专门为了限制孩子自由所定的条条框框，不是不讲道理、简单粗暴的捆绑束缚，更不是家长专制的工具和手段。恰恰相反，家规是出于爱与自由，是为保护所有家人隔离假、恶、丑，远离危险、灾祸而联手拉起的一条隔离带和一条警戒线。

家规蕴藏着巨大的教育力

一个孩子吃了一口苹果觉得不够甜，就直接将苹果扔掉了。外人看到了，说他浪费。他妈妈却说："没关系，那个苹果不但不好吃，还有一点破了，网上说水果即使只坏一点点，其他部分也不能吃了。"

两个孩子在火车站等车时不停地打闹，来回追逐，大声喧哗，让周围的人侧目。有人劝他们的父母管管孩子。一个妈妈说："这孩子特有主意，别人说什么都不听，只做自己想做的。"语气中竟含着一股骄傲。另一个妈妈说："孩子的天性就是玩，不能压抑天性，大了自然就好了。”

饭店里，一家人摆家宴。饭菜刚上桌，几个小孩子马上就把自己喜欢的菜端到自己面前，还有两个抢了起来。一个女人说：“儿子别抢，让你舅舅再给你上一份。”一个男人马上财大气粗地说：“对，抢啥抢！服务员，这几个菜再来一份。想吃啥就跟舅舅说，保证让你们吃够！”另一个男人说：“儿子，姥姥姥爷还没吃呢，你们小孩先吃不礼貌！”姥姥姥爷马上笑呵呵说：“哎呀，都一家人，啥礼貌不礼貌的，饿了就赶紧吃！”孩子们对这些话仿佛充耳未闻，一个个继续吃、继续抢。

公交车上，一家人上了车，一个中年妇女噌地坐到一个座位上，把手里的包放在左边的座位上，又把腿放在右边的座位上，大呼小叫地喊着：“儿子，快上来，妈妈这里有座位！”她挡住了好多想要坐在空位上的人，最后一个男人和一个孩子终于上了车，一家三口高高兴地坐了下来，一路嘻嘻哈哈，谈笑风生。

家教的缺失

上面的情景是我们无论在城市还是农村都经常能够看到的，这些家庭所表现出来的缺乏礼仪、修养和公德心的情形让人气愤。但这不仅仅是让人气愤的现象，更是让人忧心的现象——因为这不是孩子的个人问题，而是整个家庭或家族的家风问题，甚至可以说是整个社会的风气问题。

这种令人厌恶的社会风气本质上是令人哀叹的传统文化的断层。中国素有礼仪之邦的美誉，钱穆先生在《国史纲》中说：“中国士人不管来自何方都有一个共同的文化，无论在哪里，‘礼’是一样的。”我们的几个邻国几千年来都在学习我们的礼仪文化。而如今，这个礼仪之邦，似乎只是徒有虚名了。

传统文化的断层有着复杂的社会历史原因，今天，我们已经不可能找任何人对这件事负责，但在恢复传统文化的传承这件事上，却应做到人人有责，尤其在对孩子的教育中，应注重拾传统文化的精髓，把“孝悌、忠信、礼义、廉耻、仁爱、和平”等融入家规、家训，并使之蔚然成风。

家规、家训、家风

家规、家训、家风，我们经常会看到这三个词，感觉它们的意思都差不多，但实际上它们还是有所不同的。

家规，字面理解就是家庭或家族的规矩，是对所有家庭成员提出的必须遵守的行为规范和准则。家规的内容通常会很具体、详细。比如：早晨 7 点起床，晚上 9 点睡觉；对长辈说话要用“您”；吃饭时要

Tips

家风是一个家庭或家族的家规、家训的外在体现，只有好的家规与家训才能造就好的家风。对大多数家庭来说，家训的内容大体都差不多，而家规则各有不同。

长辈先动筷子，晚辈才能开始，等等。这些规矩对某个行为怎么做进行了详细的规定。

家训，是指对家庭或家族成员持家治业、立身处世的教诲。家训通常是一些道理、格言。比如宋朝理学家朱熹的《朱子家训》中的“见老者，敬之；见幼者，爱之”。“人有小过，含容而忍之，人有大过，以理而谕之”。大部分家训的道理其实对相同文化背景下的大部分家庭都是适用的。

家风，是一个家庭或家族的文化氛围、生活方式所构建的一种风格、风尚、风气。比如，著名的美国洛克菲勒家族有着严格的家教，几代人都体现出精细、节俭、务实、守信的家族风气。而当今美国娱乐圈著名的卡戴珊家族，则为世人展现出极度追求时尚、生活奢靡、行为乖张、善于炒作吸金的家族风气。

家规是中华民族几千年的传统

一个国家如果法律制度不健全，社会秩序就会混乱，人民生活就会缺乏安全感。一个家庭如果缺乏必要的家规，家庭成员的行为就会缺乏必要的约束，看上去随随便便，甚至放肆、无礼，而生活也会很容易陷入混乱无序，甚至使整个家庭的生活偏离正常轨道，走向破败、离散。要想让一个家庭越过越兴旺，越过越幸福，就一定要制定必要的规矩让每一个家庭成员来遵守。

北宋著名文学家、书法家黄庭坚留下来的《黄氏家规》有20条，严肃的家规为黄家的繁盛打下了基础——黄氏家族仅宋代就出了48位进士，其中4人官至尚书。

山西灵石县王氏家族的王家大院里立着一块圆形青石，上面雕刻着朱柏庐的《先贤家训》。王氏家族在700多年的历史中，鼎盛八代，历时400余年。“规圆矩方，准平绳直”等脍炙人口的家规家训，成为了王家人久盛不衰的法宝。

钱氏家族子孙成就众多，仅近代就有钱学森、钱伟长和钱三强等赫赫有名的大科学家。《钱氏家训》以儒家“修身、齐家、治国、平天下”的理念为框架，分成个人、家庭、社会和国家四部分，正是严格的家规为钱氏后人指明了为人处世的方向。

清康熙年间海宁籍礼部尚书许儒林制定的《德星堂家订》，从宴会、着装、嫁娶、凶丧、安葬、祭祀等日常生活方面，为子孙后代及族人立下严格家规。

中国几千年的历史流传了太多家训家规的故事，这些家训家规不仅是其家族的精神财富，更是整个民族的财富。而我们后人，则应从这些家训家规中汲取营养，建设好自己的小家庭。

家规文化世界流传

凡是重视子孙后代教育的家庭或家族，一定都有自己遵守的家规家训，这一点并不因地域和民族的不同而有差异。

美国前总统奥巴马给两个女儿制定了这样的规矩：不能有无理的抱怨、争吵或者惹人讨厌的取笑；一定要铺床，不能只是看上去整洁而已；自己的事情自己做，比如自己冲麦片或倒牛奶，自己叠被子，自己设置闹钟，自己起床并穿衣服；保持玩具房的干净；帮父母分担家务，每周1美元酬劳；每逢生日或是圣诞节，没有豪华的礼物和华丽的聚会；每晚8点30分准时熄灯；安排充实的课余生活：玛莉亚跳舞、排戏、弹钢琴、打网球、玩橄榄球；萨莎练体操、弹钢琴、打网球、跳踢踏舞；不准追星。

这样的家规简单而明确，并且是完全从自己家孩子的特点出发，值得我们学习。

犹太人的教育观为全世界称道，他们在对孩子的教育和对民族文化以及家庭文化的传承中也很重视制定规矩。出生并成长在上海的犹太裔教育家沙拉·伊马斯在她的书中谈道：“犹太人立家规是很讲究艺术的。犹太父母非常重视从小时候、从小事情给孩子建立家庭规范，比如出门跟家里人打招呼，遇见邻居主动问好，自己的房间自己收拾干净，公用的东西用好后放回原处，遇到需要帮助的人施以援手等。犹太人特别喜欢在游戏中给孩子立规矩、让孩子学家规，这样既可以维护亲子关系，又可以保护孩子的自尊心。而他们对待小孩，往往有两个原则，一是事先约法三章，二是事后毫不妥协。”

如何为 1 岁孩子制定家规

有人说孩子要到3岁才能建立规则意识，给1岁孩子定规矩太早了。其实不然，《颜氏家训》中说：“当及婴稚，识人颜色，知人喜怒，便加教诲，使为则为，使止则止。比及数岁，可省笞罚。”小孩子从婴儿时期就懂得通过辨识别人的脸色来调整自己的行为。如果此时，你定了规矩并且执行，孩子就会跟着你的规矩做。但如果你不定规矩，孩子想怎样就怎样，那么就是相当于等待孩子给你定规矩，时间一长，你就必须按照他的规矩走，一旦要更改，他必不会同意，而会以哭闹拒绝。所以父母对 1 岁的孩子也要定规矩。

要求孩子做到的自己先做到

子轩的妈妈从来不许子轩吃零食，妈妈自己也不吃零食。但是子轩的爸爸像个小孩子一样，总喜欢买一些蛋卷、花生糖一类的零食在家吃。当子轩发现并伸手拿零食时，妈妈总是阻止。他就学会了避开妈妈，看到爸爸吃零食的时候马上伸出小手要。子轩的爸爸说：“你是小孩子，不可以吃这个。只有大人才能吃。”但是子轩完全不听，一直哭闹，到最后爸爸不得不给他。虽然只有1岁多，但是他清楚地知道谁说的是真规矩，谁说的是假规矩。

给1岁孩子立规矩要靠以身作则和潜移默化。所以说，规矩不仅是给孩子制定的，更是大人给自己制定的。无论你在做什么，孩子都在学。你的行为就是最好的示范榜样，比任何语言规定和书面规定都有效百倍。凡是要求孩子做到的，自己首先要做到，凡是要求孩子不做的，自己首先要不做。在日常生活和社会交往中，注重自己的一言一行、一举一动，因为你的每一个行为都是在展示和表达你的规矩。

用行为给孩子做示范

1岁3个月的洋洋不喜欢洗脸，更不喜欢刷牙。原来妈妈觉得孩子小，就随着她。不喜欢就不洗，高兴洗就洗。后来，邻居告诉洋洋妈妈，这样养成习惯大了就很难改变了，洋洋妈妈这才重视起来。可是洋洋还是不喜欢，每天两人都要“搏斗”一番。有一天，洋洋妈妈发现洋洋在学着她的样子擦口红。她这才突然想起一个事——洋洋从来没见过自己洗脸刷牙。妈妈每次都是收拾干净才给洋洋带进卫生间。于是，第二天，妈妈洗脸时，让洋洋在一旁看着。妈妈把洗面奶涂抹在脸上，并且揉脸。洋洋就也模仿着妈妈用小手在自己的脸上抹呀抹的。妈妈刷牙，洋洋就也咿咿呀呀地嚷着要自己的小牙刷。把牙刷给她后，洋洋就有模有样地刷起来。后来，每天早上，妈妈都带着洋洋一起洗脸刷牙。慢慢地，洋洋就养成了早起洗脸刷牙的习惯。

Tips

抓住1岁孩子喜欢模仿的特性，让孩子模仿你的正确行为，并持之以恒，形成习惯。

一个人的习惯就是一个人的规矩。孩子的习惯就是家庭的规矩。如果家庭没有及时定下正确的规矩，孩子就会按照自己的规矩来。想让不懂太多道理的一岁孩子遵守你的规矩，第一是你本人要遵守，第二是吸引他跟你学。

给1岁孩子做规矩，可以从以下六个方面入手：饮食习惯、生活作息、卫生习惯、餐桌礼仪、公共场所、待人接物。

表7： 1岁孩子家庭的家规（供参考）

饮食习惯	1. 一日三餐，按时按顿，三岁以内，适当加餐 2. 不得挑食，荤素搭配，营养均衡 3. 给孩子机会练习自己吃饭 4. 杜绝零食、饮料
生活作息	1. 7点起床，9点入寝 2. 睡前半小时亲子阅读
卫生习惯	1. 早晚洗脸、刷牙 2. 隔一天洗一次澡
餐桌礼仪	1. 不用手抓饭 2. 不用手捡拾掉在桌上的饭菜 3. 不能用筷子、勺子敲碗
公共场所	1. 不可以随地大小便 2. 不可以大喊大叫 3. 不可以随便拿别人东西
待人接物	1. 与人碰面，先说“你好” 2. 受人帮助，要说“谢谢” 3. 与人分别，要说“再见” 4. 妨碍别人，要说“对不起”

这只是关于1岁孩子家规的一个粗略的参考，父母可以根据自家的情况列入更多的实用内容。随着孩子年龄的增长，这张表格将会变得越来越充实。

第四部分
走进 1 岁孩子的世界

无论哪个年龄段的孩子都身处社会之中。如何与社会中的人融洽相处，在社会上立足，与社会共同发展，既是一门学问，也是一项技能，个体需要从幼儿期就开始学习和练习。

在这一部分，我们主要做三件事：一是认真梳理孩子的社会关系；二是研究提高1岁孩子社会交往技能的途径和方法；三是提出1岁孩子可以享用的社会资源。

在梳理孩子的社会关系时，我们强调的是——社会如同一面镜子，映射出孩子的行为和父母的内心。在阐述提高社会交往技能的途径和方法以及1岁孩子可以享用的社会资源这两章中，我们只是给出了最为常规、适合大众的一些建议，以期能抛砖引玉，引发父母关注孩子社会化的意识，主动寻求更多、更好、更适合自己的孩子的方法，挖掘更丰富、实用的社会资源为己所用。

第1章

1岁孩子的社会关系

人是社会性的动物，社会性情感是人的本能。个体生下来就必然会进入社会，就像一个雨滴落入湖水，从一个小小的涟漪扩展为一个大大的圆。当成年人在城市、国家、国际的大范围内开展自己的人生活动，构建自己的人际圈时，儿童正在学校、社区、家庭中开展人际活动，构建自己的朋友圈。是的，哪怕是1岁的孩子，也有自己的社会关系和“朋友圈”。

亲子关系也是社会关系之一

在说到社会关系的时候，大家往往会忽略家庭，而家庭关系正是社会关系中与我们最亲密的一层。尤其是对1岁的孩子来说，他们的社会关系中亲子关系占据了绝大部分。父母对待孩子的态度，就是孩子学习对待他人与社会的态度的样板。比如，一个孩子在家庭之外如果表现得骄横跋扈，那么他在家庭中有可能是受到了过度的宠爱，也有可能是他的父母的表现就是骄横跋扈。无论是什么样的亲子关系，都一定会在孩子的社会交往中有所表现。所以，重视亲子关系的建立是帮助孩子学习社交的第一步。

你希望孩子在社会上受到怎样的对待？是友好、平等、尊重？那么很简单，你在家里也要给予他友好、平等、尊重。友好这一点自不必多言，但平等和尊重，我们往往做得不够。我们时常会忘记1岁孩子也是一个独立的人，总是下意识地把他们当作成年人的附属品，比如做事时不会征求他们的意见。

Tips

说到底，现实社会是充满爱还是残酷冷漠，不取决于社会本身，而取决于父母如何对待自己的孩子，亲子关系的真相创造了世界的真相。

孩子也属于家庭的一分子，和父母在家庭中的地位是平等的。当家里遇到事情尤其是和孩子密切相关的事情时，父母应不忘征求孩子的意见，并尽量尊重孩子的意愿。不要认为孩子太小，根本没有思考问题的能力，即使跟他们商量也没有用，其实孩子的观察很细致，而且也有其独到的思考。也许1岁的孩子确实不能思考太多，更不会表达，但受到平等对待和被尊重是他们的权利，更应该成为一种习惯。一贯受尊重的孩子进入社会时，也自然而然地会把自己当成社会的一分子，有主动参与的积极性，以及懂得平等、尊重他人。

1岁孩子的“朋友圈”

除了亲子关系，1岁孩子的社会关系几乎就只剩下一种——同伴关系，尽管此时他们其实并没有真正的朋友，并且他们也不是真的需要朋友，但我们仍要创造条件，帮助他们建立和维护同伴关系，因为这是孩子学习和练习社会交往的重要方式。

与同伴相处，孩子不会被更多地关照，因此他们是真正地处于平等的地位。由此产生的一切友好往来和冲突都是社会交往的真实缩影，为孩子带来在家庭中永远体验不到的感受。在同伴交往中，孩子的自我概念和人格将得到更好的发展。

前面我们说过，1 岁的孩子，其社会性发展的主要任务是延续 0 岁时的依恋关系的建立。虽然此时的他们能走能跑，接触到了更广阔的世界，但他们的社交范围主要还局限于主要照料者以及小部分家属和邻居之中。他们的同伴关系还处于萌芽阶段，与同伴还谈不上真正意义的“交往”。虽然他们的身体已经奔跑在世界上，但他们的心灵还徘徊于家门口，在好奇地张望着世界。

虽然 1 岁的孩子与同伴的交往绝大部分只是看着对方玩或自己玩自己的，但这仍是他们观察社会的绝佳机会。在围绕玩具所产生的冲突或貌似分享的行为中，孩子在探索外部世界与自己之间的关系尤其是社会上的人与自己的关系，他们调整自己，并做出应对。

在天气晴朗的日子，带着你的 1 岁宝宝在小区里闲逛，去超市购物，去公园漫步，去游乐场嬉戏，去邻居家做客，出门旅游……这些都是非常好的安排。在走出家门，与更多的人接触的过程中，我们无法估量他们将会懂得多少关于这个社会、这个世界的知识。那神秘的吸收性的心灵毕竟是孩子特有的，也许他们比我们更能悟到人与人相处的真谛。

性别角色天生带有社会烙印

1岁的孩子看似与社会没多大关系，但实际上，每个孩子刚一出生，社会对他的期望和要求标准就已经根据孩子的性别确定了。

比如，男孩出生时，父母会取一些明显具有男性特征的名字，如子豪、嘉伟等；女孩父母则会为孩子起诸如梓涵、子琪、佳怡等名字，让人一看就知道是女孩。

在为男孩购买服装或其他生活用品时，父母们倾向于选择蓝色、绿色、棕色、灰色、黑色、白色等偏冷色调的物品，而很少购买红色、黄色、橙色的物品，几乎不会购买粉色、淡紫色的物品。而女孩父母则对所有颜色都比较接受，尤其喜爱粉色、淡紫色等具有女性特质的颜色。

过生日时，父母或其他人经常祝福女孩子“越长越漂亮、聪明、懂事”，而对男孩的祝福则常常为“变得高大、强壮、勇敢”。在送礼物或买玩具时，为男孩买的各种小汽车、工程车居多，而女孩子的礼物或玩具则有很多毛绒玩具、洋娃娃。

这些行为无不表明，父母每时每刻都在向孩子传递着社会对男孩、女孩各自的标准和期望。一个孩子要想成为被社会所接纳的成员，就必须知道自己的性别和社会对自己这种性别的期望，进而培养出符合社会常规标准的性格特征和行为方式。

这种社会期望其实和性别天生自带的特质也是吻合的，比如14～22个月的孩子，即使没有任何人引导，男孩也会偏爱小汽车、枪炮一类的玩具，女孩则喜欢娃娃和毛绒玩具。幼儿园里的女孩多数喜欢玩过家家的游戏，而男孩更喜欢肢体运动比较剧烈的活动。

当然，社会对性别的期许有时也带有人为的偏见，比如，大部分人认为男孩玩洋娃娃就是不对的，而女孩子如果喜欢舞枪弄棒也是不正常的。这样的刻板印象未免太武断，对孩子来说，尤其是 1 岁多的孩子，他们还不具备性别意识，无论喜欢什么，都是带着天然的对世界的好奇心，他们的喜欢更多的是阶段性的、偶然性的。对于他们貌似“不正常”的行为，父母不需要太在意，更不需表现得太激动。

今天的社会对女孩的宽容度往往更高，因此，大量的“假小子”和“女汉子”涌现出来，大部分人对此都没有异议，并且还表示欣赏她们这样男子气的一些性格特点。但人们对男孩的要求则没有那么宽容，一些内向、文静的男孩子，常被视为“娘娘腔”，不被社会接纳，因此，在社会化过程中，男孩比女孩面临更大的压力。父母要注意及时引导男孩了解社会对男孩的期望是什么，并且注意及时舒缓男孩在自身与社会期望的差距中所承受的压力。

第2章

在各种体验中发展情商

情商是什么？很多人认为它就是一个人能够八面玲珑、游刃有余地周旋于社会的能力，就是“会来事儿”。这样的理解是错误的，情商是一个人对自我和他人的情绪的体察、表达以及控制的能力，是孩子社会能力的基础，更是孩子一生行走世界的“法宝”。

1岁孩子的社会性行为

22个月的嘟嘟和与他一般大的肯肯在一起玩，两个小男孩抢着一个属于嘟嘟的玩具不撒手。最后嘟嘟不敌力气大的肯肯，玩具落入肯肯手中，嘟嘟哇哇大哭。嘟嘟妈很忧心地说：“这孩子不愿意分享，我都教育过他很多次了，就是不听。”肯肯妈说：“没关系，孩子还小呢。”嘟嘟妈一脸严肃地说：“越小越要让他懂得分享，否则长大就会变得自私，那就会没朋友了。再说毛毛妹妹更小，人家就知道分享，从来不像他这样。”

谁都不愿意自己的孩子变得自私，更不愿意孩子以

Tips

不要给孩子贴标签，不要说“这孩子就是怕生”“这孩子太爱打人，攻击性太强”“这孩子没礼貌”这类话。你说什么，孩子就会成为什么。

后没有朋友，但22个月的孩子表现得自私，长大后就一定会自私吗？当然不是。1岁的孩子正在建立自己的物权概念，在他们的心目中，所有的东西都是“我的”，他们无法理解为什么“我的”东西要与别人分享。而且，这个年龄的孩子，也不能理解“借给小朋友玩一会儿再还回来”这种事，因为对他们来说东西一旦离开自己的手，就意味了不属于自己了、失去了。

对这个年龄的孩子来说，发展出良好的物权意识，比强迫他去分享更为重要。只有当他发展到能够理解分享是一件快乐的事情时，引导他分享才是正确的做法。不要对孩子提出超出年龄范围的要求，1岁孩子不需要懂得分享，不需要懂得同情，更不需要会合作。他们只要能做到不怕生，有和别人一起玩的意愿就很好了。

表8： 1岁孩子的社会行为目标

目标名称	具体内容
敢于与陌生的同龄人接触	陌生人打招呼不闪躲 陌生人邀请可以拒绝但不害怕
与熟悉的同龄人“共同”游戏	有意愿主动接触熟悉的同龄人 与熟悉的同龄人一起玩（即使是各玩各的游戏）

1 岁孩子社会化的三个方法

1 岁孩子的社会行为目标在我们成年人看来真是再简单不过了，但如果你真的这么想，就大错特错了。比如说“敢于与陌生的同龄人接触”，这一条就很不容易做到。

网上流传一篇文章叫做《有什么事不能微信说，干吗非要打电话》，这篇文章讲了一种叫“电话恐惧”的现象，道出了很多人的心声。害怕打电话和接电话的成年人比比皆是。有人说，自己在工作中最怕打电话，无论是陌生人还是熟人，有些必须打电话联系的工作，就一直拖着，宁肯拖上十天半个月，事情被拖黄了，也不敢打一个几分钟可能就促成一笔生意的电话。有人甚至形容接电话为“他杀”，打电话为“自杀”。

举这个例子是想说，对很多成年人来说与陌生人接触都是一件不容易的事，对刚来到这个世界一年多、自己连完整的句子都不会说，任何事情都要找妈妈的 1 岁孩子们来说，社会化的过程真的是道阻且艰啊。

当然，也有一些孩子天生就是外向的性格，从来不怕生人，喜欢和每个人打招呼。家里有这样的宝宝，父母真是要庆幸，孩子社会化的道路会顺利很多。不过，大部分的孩子还是胆小、羞怯得像一只小鸡，很容易受惊，躲回妈妈的怀里。因此，我们要用更多的耐心来等待孩子与社会的交互，用更多的爱来帮助孩子获得情感能力和社交能力的发展。

下面是父母帮助孩子社会化的几个方法。

游戏是个好方法

有人曾经做过一个实验，发现未成年的猴子如果生活在一起，经常在笼子里互相嬉戏追逐，就会正常发展出适应猴群社会的交际能力，如果未成年的小猴子每个都分住一个笼子，彼此不能玩耍，长大后就会无法适应猴群社会的生活，变得呆滞、蠢笨，甚至连求偶的本能都丧失掉。可见，玩耍是猴子学习融入群体以及求偶、繁衍，生存下去的基础。

人类也是如此，幼儿在游戏中学会与人交流、合作、表达和控制情感以及解决冲突，不知不觉完成社会化的任务。

寻找并参与群体

3岁之后的孩子社会化发展会变得迅速起来，那是因为他们进入了幼儿园，有了更多的同伴和更多的社交机会。1岁的孩子需要父母为他们寻找同伴，创造社交机会。父母有时间的时候就可以带孩子去邻居家坐一坐，在小区里散散步，和邻居小朋友一起游戏。有的父母，往往不重视孩子之间的交往，觉得 1 岁小孩没什么可交朋友的，在一起玩搞不好还容易打架受伤，哭起来多麻烦。实际上，这样做会阻碍了孩子的正常社交发展。

与孩子互动

不出家门的时候，父母就是孩子的交际对象，这时，父母可以邀请孩子和自己一起做家务、整理玩具，让孩子知道帮助与合作。或者可以跟孩子要一个吻，让孩子对自己说谢谢，让他知道如何表达自己的爱。还可以要求孩子把自己最喜欢的东西给爸爸妈妈，让他体验分享。在类似这样的互动中，孩子会产生更加丰富的情感，注意观察和了解别人的情绪，表达自己的情绪和感受。

Tips

与孩子互动时，父母要注意用平等的姿态与孩子交流。这种示范比言语更有力量。

理解冲突，利用冲突

通常，我们说儿童的亲社会行为表现为：同情、分享、谦让、关心、合作、帮助、安慰等，而儿童的反社会行为主要就是攻击性行为。

但是对1岁孩子来说，他们其实还不能真正产生同情、分享、谦让、合作、帮助、安慰这些行为，即使是那些看上去与这些行为相似的表现，追究其本质可能只是一种对成年人行为的模仿。但他们的攻击性行为倒是较为平常的一种真实存在。

一说起攻击性行为，家长就很紧张。尤其是1岁的孩子，打人、咬人事件的发生比大孩子更频繁。有的父母或祖辈，担心孩子出门被其他小朋友欺负，或是担心自己家孩子欺负其他孩子，无端惹是非，干脆就不带孩子出门，或让孩子绕着人走，而这是我们绝对不提倡的。

要知道，儿童的社交能力不可能一开始就是彬彬有礼、谦让合作、毫无冲突的。只有经历了各种冲突，孩子才能在不断的体验和练习中掌握人际交往的规律，发展出更好的社交能力。认可他人的存在、体会他人的情绪、接纳他人的行为，这些是1岁孩子需要大量获取的经验，也是奠定其一生社交能力的基本功。从这个意义上来说，冲突不但不是坏事，而且还是好事。

皮亚杰曾指出："一般的同伴交往和具体的同伴冲突是幼儿发展视角转换能力的必要条件，是幼儿摆脱自我中心的前提。"

冲突可以帮助孩子更好地发展自我意识

当 1 岁孩子在外面和其他孩子因为抢玩具而哭泣时，他会明白，原来这个世界上还有不肯让着自己的人，原来这个世界上不是所有的人都像爸爸妈妈一样对自己百依百顺，原来这个世界上还有自己不能随便碰的“属于别人的东西”……这就是冲突的意义。给孩子带来挑战，带来新的理解，也带来机会。

冲突可以帮孩子懂得别人的感受

当 1 岁孩子挥舞着自己的玩具不小心把其他孩子碰哭了而受到训斥的时候，他会明白，原来这样碰到别人，别人是会哭的，自己也会被妈妈说的。尽管他还不能感同身受地体验被玩具碰疼的滋味，但他依然多了一种体验，一种智慧。

帮孩子懂得别人的感受非常重要，这利于孩子快速发展出同情心。而同情是孩子能够理解、体谅别人的重要基础，知道了别人也会像自己一样疼，像自己一样愤怒，像自己一样委屈，他们就能原谅和宽恕别人的行为，从而获得更好的人际关系。

冲突可以生出解决问题的智慧

当1岁孩子躺着地上耍赖时，他会观察对方的反应，如果对方顺从了，就证明下次还可以躺在地上耍赖，如果对方不顺从，他会爬起来看对方要他怎样做才会同意。这是1岁孩子与成人的冲突，无论怎样，他都会找到一种解决问题的办法。对大人来说，这是让人头疼、让人哭笑不得的闹剧，但对孩子来说，这是最直观的观察和学习机会。孩子亲身体验了这种冲突，并主动去思考冲突的原因，分析造成的后果和可以采取的解决办法，这无疑是智慧的增长。

Tips

我们怎么处理与孩子之间的冲突，孩子就怎样处理他与别人之间的冲突。在日常生活中看到和感受到父母是如何处理冲突的，在冲突发生时，孩子自然而然就会应用上。

所以，冲突并不可怕，该发生的就让它发生，不要怕孩子被欺负，不要怕孩子欺负别人，也不必想着要如何纠正孩子的行为。冲突来了，就好好地利用它。如果我们不能正视冲突和有效利用冲突，孩子反而会错失许多增长社交能力的机会，白白地受了伤害或挫折。

不怕冲突，也不表示我们会在孩子发生冲突时袖手旁观。面对冲突时，我们首先要第一时间让孩子知道他是安全的，是被你爱和保护的，其次再告诉他正确的行为方式是什么。一次两次孩子可能不会理解，但多次之后，他就一定会明白。当然，冲突的问题，更要在冲突之外解决。家长是孩子社交能力的第一教练，孩子与别人的交往模式都是在家长身上学到和练习的。

社会化不是培养“小大人”

一个7岁女孩放学回家后对妈妈说：“妈妈，我们班里有五个男生喜欢我，他们在追我呢！”妈妈问：“他们怎么追你啊？”女孩说：“就是一下课就跑到我桌前抢着和我说话，课间做游戏都争着和我一组，有好吃的、好玩的都先给我。”妈妈说：“他们追你要干什么呢？”女孩说：“他们可能是看我漂亮，想和我谈恋爱吧，就像电视里那样，一个男生和一个女生白天晚上都在一起。”妈妈一惊，不知道该说什么。

一个6岁男孩在舞台上像个成年人一样唱着一首情歌，脚下踏着熟练的舞步，并且还与台下观众频频挥手，甚至还在音乐间隙说出“让我听见你们的掌声”，俨然一位商演走穴中的明星。他的父母接受采访时很得意地说：“这孩子从4岁就开始登台表演了，现在经常有人请我们演出，每天跑几个场子，都忙不过来。”

一个小学五年级的孩子哭着对妈妈说自己给同学讲解题目竟然挨打了。怎么回事呢？原来他给同学讲解题目是免费的，而另外几个成绩好的同学给别人讲解题目、代写作业都是收费的，而且不便宜。同学都喜欢找他讲题，那几个同学认为他挡了自己的“财路”于是联合起来把他打了。

一个小学二年级的孩子过生日，收到同学的贺卡上写着“祝你‘钱’程似锦，早日升官发财”。

一个班级的小学生刚开学拿着爸爸、妈妈甚至自己的名片互相递，嘴里还说着请多指教，以后互相帮忙。

……

这种不仅言谈举止模仿大人，就连行为处事都模仿大人的“小大人”的例子举不胜举，小小年纪已经开始考虑谈恋爱、升官发财和“钱途”“财路”的问题了，让人不免忧虑，这样的孩子大了之后，是不是就是那种八面玲珑、见人说人话见鬼说鬼话的“老油条”“老江湖”“老狐狸”？儿童的天性在他们的身上似乎已经荡然无存，而成人的功利、市侩却被学了个十足。

孩子的社会化发展变成这个样子绝不是好事。十八世纪著名教育家卢梭说：“大自然希望儿童在成人之前，就要像儿童的样子，如果我们打乱这个次序，就会造成一些果实早熟，他们长得既不丰满，也不甜美，而且很快就会腐烂。”

无论是自然早熟还是人工催熟的果子，都会更早地面对坠落和腐烂，这是自然界不变的规律。而人和果子在这方面是一样的。

幼儿期是人类发展的特殊时期，有其自身的发展规律。儿童处于人生的初始阶段，有着特殊的生理需求和心理需求。他们需要一种不同于成人的发展，一切跨越阶段的期盼只会给孩子带来危害。

造成这样的结果，有社会的原因，更多的责任还在父母。有一位在外企做高级主管的妈妈认为这个世界很现实，一个人过于天真，就会吃亏上当。社会的资源是有限的，谁不现实谁就会被别人夺走自己的机会甚至成就。所以她认为，孩子从小模仿成年人的做法甚至沾染一些成年人的习气不是坏事，把棱角磨圆了，孩子长大后就会少受伤害。

这种观点说出了现实社会的复杂和一些无奈，虽然都是事实，但是显然她忽略了最重要的一点——**孩子的需要**。孩子需要的不是一些所谓的处世的圆滑，而是一种在其身体、社会性、情感、认知和道德方面的整体性发展。

君不见，那些小大人外表看起来和成人一样老于世故，精于算计，懂得很多别的孩子不懂的知识和道理，但实际上他们并不会真正理解和思考，他们只是在记忆和模仿大人的行为。最重要的是，他们不具备独立思考的能力，更缺乏成人的自信和自立。

一些家长特别喜欢夸奖自己的孩子“心眼可多了”“会看人脸色，可知道深浅了”，虽然孩子只有 1 岁，但这些语言无形中会鼓励了孩子成人化的行为，孩子能够敏锐地发觉这一点，并将其视为一种准则。

除了家长有意或无意的引导之外，孩子缺少一个释放天性的环境也是一个重要原因。一个孩子面对2～6个家长，如果不能接触更多小朋友，那每天看的、听的、学的都是成年人的言谈举止和行为方式，怎么能不变成小大人呢？

温馨贴士

如果我们的环境确实缺少更多的天真的孩子，并且很难改变，那不妨让我们这些当爸爸、当妈妈的人做个“大小孩”吧，做孩子的同伴，抛开世俗名利，用人类追寻快乐的本能，与孩子同行，重新体验一下童年的滋味！

第3章 享受社会资源

从速度、力量和适应自然的能力来看，人类是弱小的。与动物相比，虽然人类有无比强大的头脑，但若要离群索居，必然会生活得远远不如动物。人类之所有能有今天的成就，就在于我们创造了社会，人与人之间互相帮助、精诚合作，并且共享社会资源，可以说，每一个人的背后都站着亿万个人。

社区是个小社会

对1岁孩子来说，他们的社交范围确实很有限，但利用好社区，也会给孩子的成长带来颇多助益。小区是我们大部分人的主要生活空间，工作之外的大部分时间，我们都会在小区中度过。对1岁孩子来说，小区更是他们的主要活动场所，无论是便捷性还是安全性，社区无疑都优于游乐园等其他场所。如果让孩子充分接触小区中的人和事物，与邻居们进行互动，就会为孩子的人生打下很好的社交基础。

其实，利用社区进行早期教育在世界上的许多国家都已经积累了几十年的理论基础和丰富的实践经验。

德国已形成两种典型的教育方案。第一种是家庭助手方案——社区青年服务部、慈善机构把经过培训的社会工作者组织起来，分派到一些特殊家庭里去工作，每周义务为家庭服务 5 ～ 10 个小时，帮助父母掌握教养孩子的基本知识和技能。第二种是家庭互助方案——社区把家庭联合起来，结成对子，互相帮助，共同提高教育孩子的艺术。

以色列社区极为重视对不同年龄儿童的家长进行分层指导，以提高指导的效率。其指导 1 ～ 3 岁儿童家长的方案为——社区挑选、推荐专业协调员和专职家访员，经培训后上岗；每个协调员统管几个家访员，每个家访员负责指导十几个家庭的家长。家访员第一年每周都要去家访，第二年每两周去家访一次，旨在帮助父母认识到游戏对儿童发展的重要性，学会和孩子一起游戏。家访员还要帮助家长成立互助小组，每半个月活动一次，在小组内交流育儿经验。

美国学前教育专家 E.V. 埃斯尔等人 1992 年就提出社区早期教育应该包括“身份、角色及其关系、周围环境、运动、安全、健康、食物、交往”八个方面的内容。

与这些国家相比，我国的社区早期教育起步较晚，有些社区有早教中心和居委会的配合开展早期教育活动，而大部分地区则还要靠家长自行联盟。

有的家长不喜欢出门，除了必要的外出购物或办事，通常每天都待在自己家里。这样的生活方式我们建议还是要改一改的。

在《儿童、家庭和社区——家庭中心的早期教育》一书中，作者写道："健康的家庭不会把自己和能够向他们提供帮助的外界社区隔离开。他们用长远的目光看待这些家庭之外的社区，并且能够从这些社区中获得反馈信息。孤立会对家庭产生许多负面的影响。它限制了儿童的角色发展模式，并会导致无助感产生，甚至可能对孩子产生伤害。"

在今天这个通讯联络极为发达的时代，要想在社区中建立家长联盟还是比较容易的。我们可以利用手机、微信等方式建立社区妈妈群，为自己找到更多的支持。

天天家生活在一个规模较大的社区。天天妈妈刚出月子就每天推着婴儿车带天天出去晒太阳、呼吸新鲜空气。生孩子之前，天天妈根本不知道自己同一个小区里居然有这么多孩子。一个星期后，天天妈在小区里认识了至少十个与天天同月龄，生日相差只有几天的孩子和他们的妈妈、奶奶或姥姥，另外还有很多同岁相差几个月大小或者1岁多的孩子。

天天妈最初为了购物拼单，建立了一个微信群，把这些认识的妈妈都加入了群里。后来她发现，有了这个群，带孩子真是方便了好多。有时，出门之前，天天妈妈会在群里喊一声："一会儿我带天天去小区南门的花园晒太阳，有时间的就出来吧。”然后，她就会在南门的花园遇到很多妈妈带着孩子，大家一起聊天，交流孩子的各种发育状况。有时，有的妈妈会在群里说：“附近的超市酸奶正在打折，很划算，有需要的可以去买一些。”有时，有的妈妈会在群里说：“今天天气不好，风太大，有时间的可以带孩子来我家玩。”

就这样，通过这个群，天天妈和小区里二三十个家庭有了亲密的联系。而在孩子1岁多的时候，互动变得更加频繁，到孩子们3岁时，小区里的妈妈们甚至组团去考察附近的幼儿园，一起报名，一起享受团购的优惠。

我们真的要感谢时代的发展为我们带来的如此多便捷，好好利用社会资源，会让我们的育儿生活变得更加美好。

媒体的影响

今天的社会是一个大众传媒超级发达的时代，报纸、杂志、漫画、电视、电脑、手机资讯充斥在我们眼光扫过的每个地方。我们的生活不可避免地要被这些传播媒介所影响，而其中对儿童影响巨大的则是电视、电脑和手机。现在的手机早已不是简单的只能打电话的工具，而是比电视承载了更多信息的媒介。有人说，现在的孩子 5 岁才学会自己上厕所，1 岁就会自己玩手机。这与事实相差无几。如何看待电视、电脑和手机对孩子的影响，是当今时代育儿的一个重要问题。

对 1 岁的孩子来说，电视没有任何意义，所以不要让他们看电视，更不要把电视当作娱乐手段，不要养成用电视“带孩子”的习惯，无论这样多方便、多轻松。不连续的噪音和电视互动会让幼儿分心，而他们需要的是专注，需要的是人与人的互动以及现实世界中的物体。如果你非常喜欢看电视，那么请无论如何改掉这个习惯。电脑和手机也是 1 岁孩子不需要的东西。长时间盯着看电脑和手机的屏幕，会让 1 岁孩子的视力受到损伤。

更值得家长警惕的是电视、电脑、手机中的节目内容。现在无论是电视里，还是网络上，都有各种形式的儿童节目。其中的动画片绝对是让孩子们无法拒绝的。针对幼儿的动画片有很多，但从内容上来讲，大部分都不过关。不仅是画面过于艳俗、制作粗制滥造，更因为这些动画片缺乏对幼儿心理的了解，情节和台词都不能给幼儿起到一个很好的教育作用。看了这些动画片，孩子反而会学得不懂礼貌、暴力粗鲁。

但是，从另一个方面来说，无论是手机还是电视、电脑，都有强大的教育功能，对孩子都会产生巨大的影响。父母不加限制地让孩子随意使用这些电子产品会对孩子造成伤害，不过完全地摒弃也是不现实

Tips

媒体是孩子了解社会、学习社会规则的一个窗口，一味的否定和躲避是不现实的，父母的责任不是挡住孩子学习的眼睛，而是对窗口中呈现的画面进行把关。

的，毕竟孩子是属于这个时代的人，电视、电脑和手机归根结底是人类生活、生产所需要的工具。

如果只能给幼儿推荐一个动画片，那么《小猪佩奇》应该算是最好的选择。这个动画片每集只有五分钟，画面色彩清新明快，简单中蕴含着高水准的审美。最重要的是这个动画片中构建了一个理想的家庭模式，好的爸爸、好的妈妈、好的家人关系以及好的师生、朋友关系。1岁孩子其实并不能真正看懂动画片，但他们会被简单而生动的故事所吸引，而对两三岁的孩子来说，这个动画片提供了很好的礼貌教育、生活规则教育、与家人、外人相处的模板以及对处理冲突的示范。当然，对1岁孩子来说，如果不看动画片而看相应的图画书不失为一个更好的选择。

附　录

1 ～ 2 岁孩子各领域发展及成人指导简表

这份简表展示了 1 ～ 2 岁的孩子在各领域的发展概要。请谨记，不同儿童的发展速度存在很大差异。这些发展情况以及成人指导也许并不适合于个体儿童和家长，但作为整体，这份简表反映了某一年龄段孩子发展的顺序。

水平 1：

年龄水平	发展的领域	成人指导
1岁至1岁半	**生理** ● 能平稳地快步走 ● 很少摔跤 ● 能跑，但动作笨拙 ● 能够扶着上楼梯 ● 能用蜡笔涂鸦或做标记 ● 能自己吃饭	● 使环境丰富、有趣；定期改变环境布置，投放一些新玩具 ● 促进孩子间的互动 ● 鼓励孩子多进行身体活动

（续）

年龄水平	发展的领域	成人指导
1岁至1岁半	**情绪/社会性**	
	能夸张地模仿成人	允许孩子力所能及地帮助他人
	有兴趣帮助干家务	设定限制，温和地执行，不强迫他们遵守
	对穿衣的过程感兴趣；在一定程度上能独立脱衣服	帮助孩子与他人进行互动；当孩子表现出攻击行为时要与孩子谈话
	开始逐渐地控制大小便	
	智力	
	开始解决头脑中的问题	给予孩子一些选择权
	语言快速发展	让孩子不受干扰地去解决问题
	开始具有幻想和角色扮演的能力	
	语言	
	用语言来获取他人的注意	鼓励他们使用语言
	能通过语言来表明愿望	提供多样化的经历来帮助孩子来使用语言
	喜欢图画书	向孩子提出问题，并鼓励孩子提问题
		出声朗读

水平2：

<table>
<tr><th>年龄水平</th><th>发展的领域</th><th>成人指导</th></tr>
<tr><td>1岁半至2岁</td><td>生理
• 能向前快速跑，但停下来或转弯有困难
• 能上下楼梯（有时需要扶着扶手）
• 能扔球
• 能向前踢球
• 能独立穿简单的衣服
• 能用勺子、叉子和杯子，但有时会洒水
• 会用画笔，但不能很好控制
• 会翻书</td><td>• 鼓励孩子用他们喜欢的方式自由活动（也要有限制）
• 提供丰富的身体和感官体验
• 鼓励孩子寻找新方法来组装和玩熟悉的玩具
• 赋予孩子一些选择权
• 允许友好的追逐打闹游戏
• 为孩子提供更宽泛的活动选择，鼓励他们发展小肌肉运动
• 提供大量的感官活动
• 允许孩子以创新的方式来使用玩具和材料（当然也要有限制）
• 当孩子陷入困境时要鼓励他们解决问题</td></tr>
</table>

（续）

年龄水平	发展的领域	成人指导
1岁半至2岁	**情绪/社会性**	
	● 开始理解个人所属的概念（“这是我的”“那是爸爸的”） ● 有囤积个人所有物的倾向；会拒绝分享 ● 要求独立（“我自己做！”） ● 对自己的成就很自豪 ● 即使面对想要的东西，也可能会说“不”	● 尊重孩子持有自己所有物的这种需求 ● 以身作则来分享，而不是只要求孩子分享 ● 允许孩子自己尝试一些事情 ● 帮助孩子完成任务，进而产生自豪感
	智力	
	● 能识别玩偶的身体部位 ● 能在模板上安装模具 ● 能独立解决许多问题 ● 能简单拼图	● 让孩子自己选择可用的材料和打发时间的方式 ● 鼓励孩子以创新的方式使用玩具材料 ● 鼓励问题解决 ● 允许探索

（续）

年龄水平	发展的领域	成人指导
1岁半至2岁	**语言** ● 能用人称代词（我、你），但并不一定总是正确 ● 喜欢用名字指代自己 ● 会用两三个词的句子 ● 谈论他们正在做的事情	● 鼓励孩子间及孩子与成人间的对话 ● 帮助孩子进行推测 ● 带孩子去一些地方，谈论你们的所做所见 ● 鼓励孩子用语言表达感受和需求 ● 帮助孩子说出差异或分歧，而不是依赖打、踢等消极行为

注：本表改编自《婴幼儿及其照料者》，[美]珍妮特·冈萨雷斯－米纳等著，张和颐等译，商务印书馆，2016年。

后　记

历经两年的研发和改进,《N 岁孩子　N 岁父母》这套“家庭·家教·家风”教育丛书的第一辑 0 ～ 6 岁分册，终于在课题组和研究团队的共同努力下完成了，无尽的激动、喜悦、期待与感激萦绕在每一位参与者的心头。

“这套书就像我们的孩子一样！”这是团队成员在研发和编写的过程中最常吐露的心里话。之所以会有这样的感触，源于团队成员始终坚持并期待的研发目标——回归。

回归科学的发展规律。儿童的发展就像一颗种子，自孕育开始，就有着自身既定的成长轨道和方向，不会因为一味的给予、爱与自由而变得简单，也不会因为各种实验、测试、考察而变得复杂。我们只崇尚最客观、最关键的发展规律和特点，看到儿童发展的核心本质与真实状态，尊重每一个独特而美好的生命。

回归家庭的教育功能。家庭是生命之初的整个世界，它不会因为贫穷、简陋而变得冰冷难耐，也不会因为富有、奢华而发出万丈光辉。我们只坚持让孩子能够在稳定、积极、和睦的环境中成长，只要求父母的尊重、关怀、包容、引导，并以身作则，而无关金钱的投入、机构的熏陶。

回归日常的点滴生活。一只小虫足以让孩子兴奋一整天，一个故事足以让孩子畅游一段童年，孩子的一颦一笑、一举一动都是生活百态的滋养。我们只期待孩子能够在自然、有趣的游戏和陪伴中度过每一天，在生活中发现、探索、收获、成长，也期待家长朋友们能够从孩子的点滴变化中收获为人父母的惊喜与感动。

回归文化的自信与包容。活泼好动地到处探索或安静内敛地阅读绘画，对孩子来说，这都是他们独一无二的性格特征。同样，在万圣节身着奇装异服地要糖果，或在新年张灯结彩地迎新春，对孩子来说，这些都是他们从未见过的节日景象。我们只希望在本土家庭中成长的孩子，既有着东方传统气韵的自信，又有着包容万象文化的胸怀。

希望这套丛书不仅可以成为家长们的育儿手册，还可以成为家长们的自我成长手册；不仅可以成为儿童教育养育的参考指南，还可以成为家庭教育本土化的探索与积累。

这套丛书是团队集体智慧的结晶。感谢中国教育科学研究院王晓燕助理研究员、著名编导田禾老师、西北师范大学的瞿婷婷博士、资深编辑李丹丹老师和家庭教育热心关注者李莉老师的倾心参与；感谢海淀区社区教育专家组成员、原北京市清河小学和中学校长、高级教师沈亚清老师对开发工作的细心指导；感谢北京城市学院蔡永芳博士、日本御茶水女子大学儿童学专业博士卢中洁提供的资料支持；感谢北京市燕山地区高级教师左玉霞、燕山地区幼儿园、北京师范大学幼儿园、空军装备研究院蓝天幼儿园对问卷、访谈等工作的高度支持；感谢参与调研的数百名家长朋友们的真实讲述；感谢课题组史篇、邹文馥、王颖、金菁等成员对材料、资源的搜集与整合；感谢现代教育出版社陈琦社长、李静主任、赵延芹编辑；感谢写作前期参与调研的600名家长和100名幼儿园老师。感谢为这套丛书的出版出谋划策的每一个人！

特别感谢甘肃忠恒集团的董事长房忠先生，给丛书的开发提供全面的支持，还要感谢北京师范大学文化创新与传播研究院的各位同仁，给了我默默的支持和帮助。

尤其幸运的是本丛书得到了北京师范大学家庭教育开创人赵忠心教授的推荐作序，还有北京师范大学著名儿童教育专家钱志亮老师对本书价值的大力肯定与隆重推荐。

最后感谢《N岁孩子　N岁父母》这套书的每一位阅读者！希望大家提出宝贵意见，我们会在适当的时候对丛书的内容进行修改，并相继推出第二辑（7～12岁）、第三辑（13～18）岁的指导手册。

希望家庭教育能够得到更多人的关注与支持，祝愿每个孩子都能健康、快乐地成长，每个家庭都能变得更加和睦、温馨！

尚立富

2017 年 3 月 15 日